W0314412

Das Geheimnis der Geisteskontrolle

Der Autor Swami Narayanananda im Alter von fünfzig Jahren.

Swami Narayanananda

Das Geheimnis der Geisteskontrolle

Herausgegeben vom
N. U. Yoga Centre
Freiburg im Breisgau
Deutschland

©
Alle Rechte vorbehalten
1976 by N. U. Yoga Trust,
Rishikesh (U.P.), India.

Englischer Titel:
»The Secrets of Mind-Control«
1. Ausgabe, Rishikesh 1954
2. rev. Ausgabe 1959
3. rev. Ausgabe 1970
4. rev. Ausgabe, Gylling 1976

1. deutsche Ausgabe 1979

ISBN 3-921383-24-2

Printed at Narayana Press
Gylling, Denmark

Inhalt

Vorbemerkung zur Übersetzung

Für das Sanskrit-Wort »Manas« wurde in den englischen Büchern »mind« verwandt; hier soll es mit Geist übersetzt werden. Da sowohl das englische Wort »mind« als auch das deutsche Wort »Geist« in ihrem Sprachgebrauch nicht die genaue Bedeutung von »Manas« wiedergeben, ist es notwendig, diesen zentralen Begriff exakt zu definieren.

Der Begriff »Geist« hat in der deutschen Sprache bislang nur eine sehr vage Bedeutung. Jeder Philosoph hat diesem Begriff seine eigene Prägung gegeben. Und so umfaßt das Wort »Geist« in seinen verschiedenen Bedeutungen sowohl die spirituelle Ebene (der »höchste Geist«) als auch die mentale Ebene (wie z.B. »Geisteskraft, Geisteskrankheiten« usw.) und sogar Spukerscheinungen. Um Mißverständnisse zu vermeiden, soll es hier nur für den mentalen Bereich verwandt werden, während der »höchste oder göttliche Geist« in einer Linie mit ihm gleichbedeutenden Begriffen wie »Höchstes Sein«, »Selbst« usw. zu sehen ist. Nur bei gebräuchlichen und unmißverständlichen Wendungen, wie der »geistige (spirituelle) Weg« oder »geistige (spirituelle) Übungen«, wird auch die andere Bedeutung beibehalten.

Der Geist, wie er hier verstanden werden will, umfaßt vier Hauptfähigkeiten: Denken, Fühlen, Wollen und Sammlung. Während das Gehirn, welches aus einem feinen Netzwerk von Nervenbahnen und Zellen aufgebaut ist, grobstofflicher Art ist, handelt es sich beim Geist um eine höchst subtile Kraft, die im Gehirn wirksam ist. Geist und Selbst sind nicht dasselbe, wie oft angenommen wird, sondern der Geist ist das Werkzeug des Selbst, welches durch ihn die Welt erfährt. Der Geist kann nicht aus sich selbst bestehen, sondern er erhält sein Licht und Leben vom Selbst, welches im Körper nur als Zeuge weilt.

Vorwort

Ich schreibe dies Buch aus folgenden Gründen: Erstens haben mich einige Yogaschüler aus dem Westen, die meine bereits veröffentlichten Bücher, vor allem »Die Urkraft im Menschen oder die Kundalini Shakti« und »Das Geheimnis von Mensch, Geist und Geistesfunktionen« gelesen hatten, gebeten, ich möge doch ein Buch über Raja-Yoga auf der Grundlage der Yoga-Sutren des Rishi Patanjali schreiben, damit sie im einzelnen erfahren könnten, wie man über die verschiedenen Elemente meditiert, um Siddhis (übernatürliche Kräfte) zu erlangen. Der Wunsch dieser Leute zeigt, daß sie die Gefahren, die Anfechtungen und Rückschläge, die mit dem Erreichen von Siddhis ohne vollkommene Beherrschung des Geistes und der Sinne verbunden sind, offenbar bagatellisieren und zu gering einschätzen. Mit der Erfindung der Atombombe steht die ganze Welt mitsamt ihrer Zivilisation am Rande äußerster Zerstörung, wenn die sogenannten zivilisierten Nationen nicht bessere Wege finden. Siddhis aber sind noch gefährlicher als Atombomben. Gelangt ein Mensch zu Siddhis, solange er noch nicht Herr seines Geistes und seiner Sinne ist und von Leidenschaften, Habgier, Haß und dergl. beherrscht wird, besteht die Gefahr, daß er sie unvernünftig anwendet und damit andere, die ganze Welt und sich selbst zugrunde richtet. Nicht umsonst sagt man, daß ein gewöhnlicher Mensch, wenn er über Siddhis verfügt, nicht nur für andere, sondern auch für sich selbst eine Gefahr ist, und daß er dadurch seine eigenen Schwierigkeiten und Leiden – wie auch die der ganzen Welt – vermehrt. Denn Siddhis zu haben bedeutet, daß einem sämtliche Sinnesfreuden zugänglich sind; und äußerster Ruin erwartet den, der sich irgendeinem solcher Vergnügungen hemmungslos und ohne Zurückhaltung hingibt. Ein Mensch mit unlauterem Geist und unkontrollierten Sinnen kann die Siddhis niemals in rechter Weise anwenden, und oft mißbraucht, bringen sie der Welt unermeßlichen Schaden. Darum warnen uns die Heiligen Schriften immer und immer wieder vor den Siddhis und raten, sie wie Gift zu meiden. Um den damit verbundenen Versuchungen und Gefahren aus dem Wege zu gehen, haben die Rishis die Yoga-Lehre als ein Geheimnis gehütet. Nur an Schüler, die dessen würdig waren, wurden diese Methoden von einem Lehrer (einem Guru) weitergegeben, und nicht an alle und jeden. So habe ich also keineswegs die Absicht, mit diesem Buch Menschen durch verlockende Versprechungen von Siddhis zu Yoga zu bringen; vielmehr möchte ich echte Sadhakas (aufrichtig geistig Vorwärtsstrebende) auf dem rechten Pfad zum letzten Ziele führen.

Wenn ich zweitens an meine Jugend zurückdenke, besonders an die Schwierigkeiten, die ich hatte, bevor ich eine wirkliche spirituelle Führung fand, – zumal ich auch kein geeignetes Buch hatte, das mich Schritt für Schritt zum letzten Ziel hätte bringen können, – wenn ich daran denke, kann ich nicht umhin, daraus zu schließen, daß es wahrscheinlich sehr viele ernsthaft Strebende gibt, die Schwierigkeiten haben, auf dem spirituellen Weg vorwärtszukommen, weil es ihnen an einer rechten Führung fehlt. Und um diesen Menschen zu helfen, schreibe ich dies Buch.

Im übrigen ist es nicht meine Absicht, mit diesem Buch eine besondere Lehrmeinung oder ein Dogma aufzustellen, sondern es geht mir um die Wahrheit, unabhängig von Kaste, Glaubensbekenntnis, Lehrmeinung, Dogma, Geschlecht und Sekte; und so hoffe ich aufrichtig, daß es für Wahrheitssuchende eine echte Hilfe sein möge.

Rishikesh, Himalaya,
INDIA,
am 2. Februar 1954

Der Autor

1. Einführung

Das Selbst (Jivatman) ist der regierende Monarch im lebenden Körper; am Geschehen nimmt es nur als Zeuge teil. Stelle dir vor, du stehst still am Rand eines Wasserbeckens und siehst auf der Wasseroberfläche dein Spiegelbild. Obgleich du ruhig stehst, bewegt sich dein Spiegelbild mit den Wellen auf dem Wasser. Du siehst die Bewegungen des Spiegelbildes und bist ihr Zeuge, aber du bist nicht im geringsten davon berührt. Genauso verhält sich das Jivatman (das Selbst) in seiner Beziehung zum Geist, zu den Sinnen, dem Körper und den Sinnesgegenständen.

Der Geist ist das Hauptwerkzeug des Selbst und erhält sein Leben und sein Licht vom Selbst. Das Selbst kennt die Welt durch den Geist. Und der Geist erfährt die Welt durch die fünf gröberen und feineren Sinne. Im allgemeinen kann der Geist die Welt nicht ohne die Hilfe der Sinne erfahren, und die Sinne wiederum können nicht aus sich selbst heraus arbeiten und die Welt ohne den Geist erfahren. Der Geist ist es, der alle Sinne arbeiten läßt und Erfahrungen aller Art sammelt; d.h. er hört und erfaßt eine Vielzahl von Lauten mit Hilfe der Ohren; er nimmt durch die Haut vielerlei Berührungen wahr; mit Hilfe der Augen erkennt er unzählige Farben und Formen; mittels der Zunge schmeckt er vielerlei Dinge und mit Hilfe der Nase riecht er allerlei gute und schlechte Gerüche. Auf diese Weise wird der Geist im Wachzustand von den verschiedenen Sinnen und den mannigfaltigen Sinnesgegenständen angezogen und beschäftigt sich unaufhörlich mit ihnen. Durch diese ununterbrochene Aktivität verliert er seine ursprüngliche Reinheit, und die ihm eigenen ungeheuren Kräfte werden verschleudert.

Was Wellen und Wogen auf einer stillen Wasserfläche eines Sees sind, das sind Wünsche und Gedanken für einen ruhigen und gelassenen Geist. Es sind die zahllosen Wünsche und Gedanken, die den Geist ruhelos werden lassen, ihn schwächen und seiner Reinheit berauben. Es sind diese Wünsche und Gedanken, die ihn die wahre Natur des Jivatman (des Selbst) vergessen lassen. Diese Neigung des Geistes, sich nach außen zu wenden, diese Ruhelosigkeit muß aufhören, und alle Wünsche und Gedanken müssen gezügelt und beherrscht werden, wenn man wirklich Frieden und Glück und wahres Wissen vom Selbst erreichen möchte. Nur wenn die Wasserfläche rein, ruhig und ungestört ist, kann man darin sein Spiegelbild genau erkennen; ist das Wasser jedoch unruhig oder schlammig, so ist es unmöglich, ein klares Bild zu sehen. Genauso kann ein Mensch keinen klaren Begriff von seinem wahren Selbst haben, solange er nicht seinen Geist zu Reinheit, Ruhe und Konzentration gebracht hat.

Freiheit, Friede und Seligkeit sind die drei Ideale, nach denen die Menschheit strebt. Überall jagt man fieberhaft danach; aber sehr wenige wissen, wie man sie in ihrem wahren Sinne erreicht. Die große Mehrzahl der Geschöpfe geht in eine falsche Richtung – und gerät in Abhängigkeit und Unglück, statt Freiheit und Glückseligkeit zu erreichen. Freude an sinnenhaften Dingen und Friede sind einander entgegengesetzte Dinge. Eines schließt das andere aus. Der Geist kann niemals zu Reinheit und Ruhe kommen, wenn er den Sinnen und Sinnesgegenständen verhaftet bleibt.

Aber die Welt ist verrückt nach sinnenhaften Freuden. Kein Tag vergeht, an dem nicht neue Dinge entdeckt oder erfunden werden, um den ungezügelten Geist und die Sinne zufriedenzustellen. Mit ihrem wahnsinnigen Jagen nach Frieden und Glück richten sich neunundneunzig Prozent der Menschen zugrunde, weil sie auf falschem Wege sind. Viele, die nicht die geringste Ahnung von einem höheren geistigen Leben haben – und hoffen, wo es nichts zu hoffen gibt, werden zu bloßen Sklaven ihres Geistes und ihrer Sinne. Wie hilflos und elend fühlen sich diese Menschen in der Hand ihres eigenen Geistes und der Sinne! Wie sie nach der Melodie von Geist und Sinnen tanzen! Diese armen, getäuschten Menschen verstehen nicht, daß selbst unzählige Sinnesfreuden sie niemals glücklich machen können. Sie begreifen nicht, daß weder Geld noch Ehre oder Ruhm jemals glücklich macht. Sie wissen nicht, daß wahrer Friede und wahre Seligkeit nur durch Beherrschung des Geistes und der Sinne gewonnen werden können. Beherrschung des Geistes ist ohne Beherrschung der Sinne unmöglich. Diese beiden Dinge müssen gleichzeitig in Angriff genommen werden, wenn man das angestrebte Ziel erreichen will.

Es kann keine Freude ohne Konzentration des Geistes geben. Beide sind untrennbar miteinander verbunden. Leicht konzentriert sich der Geist auf etwas, das er gern hat, das er liebt und an dem er hängt. Diese Art von Konzentration, die man automatische Konzentration nennt, ist in allen lebenden Wesen hoch entwickelt, vom Menschen bis hinunter zu den unscheinbaren Insekten und niederen Lebewesen. Bei einiger Überlegung wird man die Wahrheit dieser Beobachtung bestätigen müssen. Wenn wir einen Menschen lieben oder von einem bestimmten Gegenstand angezogen werden, so beschäftigt sich unser Geist ständig mit dem Gegenstand unserer Liebe und konzentriert sich unwillkürlich darauf. Während wir uns an irgendeinem unserer Sinne erfreuen, konzentriert sich unser Geist automatisch auf diesen besonderen Sinn und den dazugehörigen Gegenstand. Dies ist zu offensichtlich, als daß es irgendeiner weiteren Erklärung bedürfte. Auch an Tieren und niederen Insekten kann man dieses Phänomen jederzeit beobachten. Wenn die Brunstzeit herankommt, werden die Tiere wie rasend vor Begierde; ihr Geist ist völlig von sexuellen Freuden in Anspruch genommen mit dem Ergebnis, daß sie Hunger, Durst und sogar Gefahr und Tod darüber vergessen. Die männlichen und weiblichen Insekten verbinden sich stunden- und tagelang miteinander, ohne Nahrung aufzunehmen, und nicht selten gehen sie in diesem Zustand zugrunde. Automatische Konzentration ergibt sich auch bei einer Vielzahl von anderen Handlungen. Wann immer ein Interesse da ist, kommt es auch zur Konzentration des Geistes. Tatsächlich sind Interesse, Glück und Freude eng mit der Konzentration des Geistes verbunden.

Woran uns jedoch liegen sollte, ist die *willentliche* Konzentration des Geistes. Tiere und Insekten sind dazu nicht fähig. Es ist keine leichte Aufgabe, die automatische Konzentration des Geistes, die in allen Kreaturen, ob hoch oder niedrig, instinktiv arbeitet, in eine willentliche zu verwandeln. Es erfordert gewaltige Anstrengungen. Man muß sie langsam aber beharrlich durch regelmäßiges und systematisches, monate- und jahrelanges Üben entwickeln. Und nur Menschen voller Eifer, Geduld und aufrichtiger Zielstrebigkeit können es erreichen.

Aus welchem Grunde aber sollte man Sinne und Geist kontrollieren und sie nicht ausschöpfen bis zur Neige? Gott hat uns die Sinne gegeben, und wir müssen das Bestmögliche aus ihnen herausholen. Wo wäre da die Notwendigkeit, sie zurückzuhalten? In der Tat, eine berechtigte Frage. Die Antwort lautet: freue dich an den Sinnen und Sinnesgegenständen; doch tue es als Meister – und nicht als Sklave. Werde nicht zum hilflosen Spielball des Geistes und der Sinne. Laß diese beiden so arbeiten, wie du es willst. Wie viele Männer und Frauen bringen dies fertig? Wie elend wird doch der Mensch, wenn heftige Wünsche und Leidenschaften, wenn Liebe, Begierden, Habsucht, Zorn, Haß, Stolz, Eifersucht, Kummer usw. ihn peinigen. Wie viele Menschen vermögen es, gelassen zu bleiben, wenn sie von heftigen Emotionen heimgesucht werden? Wie viel Abscheuliches geschieht nicht Tag für Tag unter dem Zwang solcher heftigen Wünsche und Emotionen? Was für Unrecht wird nicht aus Rachsucht und zur Befriedigung weltlicher Wünsche und leidenschaftlicher Gefühle begangen? Und wird nicht der Welt und der Menschheit im ganzen täglich unermeßlicher Schaden durch die vielerlei bösen Wünsche, Gedanken und Handlungen zugefügt? Es ist wahrhaftig ein düsteres Bild, das entsteht, wenn der Mensch zum Sklaven seiner wahnwitzigen, skrupellosen Sinnesfreuden wird. Wäre deshalb nicht ein Bemühen um die Zügelung des Geistes und der Sinne wünschenswert?

Wie anders könnte man sonst den Geist und die Sinne meistern? Es gibt keinen anderen Weg zu wirklichem und dauerhaftem Glück. Versuche, deinen Geist in Zucht zu nehmen und ihn freizuhalten von Wünschen und Gedanken, und wäre es auch nur für wenige Minuten. Du wirst dann bemerken, wie sehr ruhelos er ist, und welche Unzahl von aufsteigenden Wünschen und Gedanken in ihm brodeln. Auch wirst du feststellen, wie äußerst hilflos du in dieser Hinsicht bist.

Weltlich gesinnte Menschen und sogenannte führende Persönlichkeiten haben sich angewöhnt, viel Unsinn zu reden und sich gegenüber Menschen und Nationen eine Führungsrolle anzumaßen. Unglücklicherweise fehlt es ihnen jedoch an der Kontrolle des Geistes und der Sinne. Wer selbst Sklave seines Geistes und seiner Sinne ist, kann niemals anderen den rechten Weg weisen. Es ist einfach absurd, dies von ihnen zu erwarten. Sie gleichen in ihrem Verhalten einem Bettler, der Hunderte von Menschen einlädt, um ihnen Almosen zu geben. Es fehlt die richtige Wegweisung durch geeignete Führungskräfte. Deshalb gibt es so viel Elend in dieser Welt. Der wahre Grund ist tatsächlich der, daß es den Männern und Frauen, und besonders den Führungspersönlichkeiten, an der Kontrolle des Geistes und der Sinne fehlt. Wären alle Männer und alle Frauen Menschen von Charakter, und wären alle Führungspersönlichkeiten vollkommen Herr ihres Geistes und ihrer Sinne gewesen, es hätte niemals so viele Schwierigkeiten und Leiden gegeben in dieser Welt.

Für den Menschen gibt es keinen größeren Gewinn, als die Herrschaft über Geist und Sinne. Dies ist die größte und erstrebenswerteste Kostbarkeit. Nicht einmal der

Besitz unermeßlichen Reichtums kann einen Menschen glücklich machen, wenn er ein Spielball in der Hand seines Geistes und seiner Sinne bleibt. Wer dagegen seinen Geist und seine Sinne zu kontrollieren versteht, ist auch ohne einen einzigen Pfennig voller Frieden und Glück. Ein Mensch, der es zur vollkommenen Kontrolle von Geist und Sinnen gebracht hat, kann sich von allem lösen; er kann zu jeder Zeit alle Wünsche, Gedanken und Gemütsbewegungen willentlich von sich abschütteln und seinen Geist von allem befreien. Ein solcher Mensch lebt in einem unzerstörbaren Frieden und Glück, ist furchtlos, stark, und erreicht ein hohes Alter. Denn dauernd auftretende heftige Gemütsbewegungen führen zu verschiedenen Arten von psychischen und neurotischen Krankheiten. Bei jeder heftigen Gemütsbewegung entstehen chemische Veränderungen im Körper, es kommt zu Verkrampfungen, und Millionen von Blutkörperchen werden zerstört. Wenn solche starken Leidenschaften immer wieder auftreten, stellen sich mancherlei Krankheiten ein, die zu vorzeitigem Kräfteverfall und sogar zum Tode führen können.

Wirkliche Freiheit, Kraft und Glückseligkeit lassen sich nur durch Kontrolle des Geistes erreichen. Auch verlängert Geisteskontrolle das Leben. Sie stärkt das Gedächtnis und schärft den Intellekt. Sie ist das Geheimnis des Erfolges in allen Bereichen des Lebens. Wo immer von wirklicher Größe gesprochen werden kann, wo immer der Intellekt Außerordentliches leistet, die Voraussetzung dafür ist stets die Kontrolle des Geistes. Vergnügen an sinnenhaften Freuden führt nicht zu wirklichem Glück. Wäre es anders, so wären die Tiere den Menschen weit überlegen. Denn die Tiere und niederen

Geschöpfe wissen nur zu essen, zu trinken, zu zeugen und zu schlafen. Sie kennen weder ein höheres Ziel des Lebens noch Verantwortung. Würde der Mensch in diese Art des Lebens, eines Lebens in Sinnesfreuden, zurückfallen, so wäre er nicht besser als ein Tier. Er wäre sogar in einer schlechteren Lage als ein Tier. Die wilden Tiere werden, anders als der Mensch, selten krank, sie haben eine große Widerstandskraft und halten viel aus. Wie ungemein hilflos ist dagegen der Mensch! Darum ist die Kontrolle des Geistes und der Sinne für das spirituelle und auch für das materielle Vorankommen und Wohlergehen und für das Erreichen wirklichen Friedens und Glücks nicht allein wünschenswert, sondern sogar wesentlich.

Im übrigen ist der Geist etwas sehr Subtiles. Er hat weder eine eigene Farbe noch Form. Er nimmt die Farbe und Form dessen an, was wir wünschen und denken. Wir sind, was unsere Gedanken aus uns gemacht haben. Wie wir denken, so werden wir. Denkt man ständig an die Vergnügungen der Sinne und andere herabziehende Dinge, ist man zum Scheitern verurteilt. Handelt man dagegen richtig und hegt gute, edle und erhebende Wünsche und Gedanken, so gewinnt man ethisch an Format und lebt in unzerstörbarem Frieden und Glück. Tatsächlich ist die Welt nichts anderes als eine Projektion unseres eigenen Geistes. Unser Wohl oder Wehe, unsere Freuden oder Leiden und alle anderen Dinge hängen von unserem Geist ab. Durch eine rechte Erziehung und gewissenhafte Überwachung des Geistes kann man schon in diesem Leben und in dieser Welt den Himmel auf Erden haben. Man stelle sich einen Menschen vor, der an furchtbaren Kopfschmerzen oder einer schmerzhaften Kolik leidet.

Im Wachzustand ist der Schmerz unerträglich, und der Mensch ist voller Unruhe und schreit vielleicht sogar. Ob er nun ein Medikament eingenommen hat oder nicht, sobald er sich schlafen legt, vergißt er seinen Schmerz, seinen Körper und seine ganze Umgebung. Wenn er aufwacht, fühlt er wiederum den Schmerz, falls er noch nicht vergangen ist. Was war mit seinem Körper und den furchtbaren Schmerzen während er schlief? Warum fühlte er sie im Schlaf nicht? Der Grund ist der, daß er im Schlaf seinen Geist vom Körper und damit auch vom schmerzenden Körperteil ablöst. Im Schlaf verschmilzt der Geist automatisch, ohne eigenes Dazutun, mit dem Selbst, das im geistigen Herz-Zentrum (auf der rechten Seite der Brust) seinen Sitz hat; und daher kommt es, daß man im Schlaf den Körper nicht spürt. Im Wachzustand arbeitet der Geist vom Gehirn aus und ist mit dem Körper und den Sinnen verbunden. Man kann auch im Wachzustand in vollkommenem Frieden leben und glücklich sein, wenn man den Geist zu kontrollieren und willentlich vom physischen Körper und den Sinnen zu lösen weiß. Selbst große Schmerzen, tiefste Sorge, schwere Verluste und andere furchtbare Schicksalsschläge können den Menschen dann nicht mehr beunruhigen oder aus der Fassung bringen. Durch Kontrolle des Geistes und der Sinne kann der Mensch also außerordentlich gewinnen im Leben. Die flüchtigen Freuden, die einem die Sinne vermitteln, lassen sich in gar keiner Weise mit der unvergänglichen Seligkeit vergleichen, die dem Menschen durch die Geisteskontrolle zuteil wird.

Um zu wahrem Frieden und Glück zu gelangen, muß man den Geist und alle Sinne kontrollieren; und um die Sinne kontrollieren zu können, muß man die Gesetze einer sittlichen Lebensführung genau befolgen, sexuelle Enthaltsamkeit üben und sorgfältig achtgeben auf das, was man ißt und trinkt, wie und wo man wohnt und mit wem man umgeht. Auch bestimmte Asanas (Körperhaltungen) und Pranayamas tragen zur willentlichen Konzentration bei. Und auf welche Weise man Meditation und Konzentration üben sollte, und wie hilfreich ein Mantra und ein Symbol für die Konzentration sind, das alles soll in den folgenden Kapiteln ausführlich beschrieben werden.

2. *Die Grundregeln einer sittlichen Lebensführung*

Wahrhaftigkeit, Nicht-Töten, nichts Unrechtes zu tun, Keuschheit, Geduld, Nicht-Stehlen, Zufriedenheit, Reinheit, Selbstlosigkeit, Edelmut und Barmherzigkeit; den Kranken, Hilflosen und Armen zu helfen; den Älteren und dem Lehrer zu dienen; Gehorsam; Beherrschung im Sprechen, Liebe zu allen Kreaturen, und das Freihalten des Geistes von den Anwandlungen sinnlichen Begehrens, von Zorn, Gier, Verblendung, Stolz, Haß usw., – dies alles gehört zu den Grundregeln einer moralischen und sittlichen Lebensführung. Tatsächlich ist auch jeder Wunsch, jeder Gedanke und jedes Tun dann sittlich, wenn man damit sich selbst – und auch anderen – Gutes tut. Zweck und Ziel aller Sittlichkeit und Moral ist es, den Menschen rein, heilig, friedlich und glücklich zu machen. Die ethischen Gesetze sind die eigentliche Grundlage, auf der das gesamte Gefüge der Religion, des Staatswesens und der Zivilisation ruht. Ein unredlicher, böser oder unmoralischer Mensch kann auf religiösem Gebiet keine Fortschritte machen. Alle Religionen, große und kleine, lehren die gleichen Grundregeln der Reinheit, Heiligkeit und Keuschheit. Zu allen Zeiten und in allen Ländern haben die großen Heiligen und Weisen ein reines und vollkommenes Leben geführt, und sie haben das gleiche Evangelium der Wahrheit, der Gewaltlosigkeit und der

Hilfsbereitschaft verkündet. Alle Regierungen haben ein und dasselbe Ziel: ihre Bürger zu guten, rechten, friedvollen, wohlhabenden und glücklichen Menschen zu machen. Das gleiche ist auch das Ziel der Zivilisation: nämlich Menschen heranzubilden, die gütig, freundlich, liebevoll, keusch, rein, wohlhabend, friedvoll und glücklich sind. Sittlichkeit ist also der Schlüssel zum Fortschritt und Wohlstand der Menschheit und zum Frieden und Glück der Welt.

Wenn alle Menschen gut, freundlich und barmherzig wären, wenn jeder das Eigentum des anderen, sein Hab und Gut, seine Frau und Töchter respektieren und achten würde, und wenn jeder ehrlich, keusch und selbstlos wäre, wozu brauchte man dann noch Regierungen, Könige, Präsidenten, Diktatoren oder Premierminister? Wenn alle Menschen, Männer und Frauen, sittlich stark und vollkommen wären, wozu brauchte man dann noch Gerichtshöfe, Richter, Beamte, Rechtsanwälte, Polizisten und Gefängnisse? Wenn alle Nationen gut und gewissenhaft wären, und wenn ihre Könige, Diktatoren, Präsidenten oder Premierminister Männer und Frauen von Charakter wären, wozu brauchte man Soldaten, Bomber, Jagdflieger, Atom- und Wasserstoffbomben? Wo stehen die sogenannten zivilisierten Nationen und die sogenannten zivilisierten Völker in Wirklichkeit? Bei all ihrem Stolz und ihrem Großtun mit ihrer Zivilisation, mit ihrem materiellen Fortschritt und ihren großartigen Entdeckungen und Erfindungen, – sind sie in ihrer sittlichen Haltung wirklich vorangekommen? Nach unserem Ermessen haben die heutigen Nationen keinen wirklichen Fortschritt gemacht. Sie haben lediglich Instrumente zu ihrer eigenen Vernichtung erfunden. Es ist geradeso, wie wenn kleine

Kinder mit scharfen Rasierklingen spielen. Die Menschen von heute sind außerordentlich selbstsüchtig und den Sinnen verhaftet. Alle ihre Erfindungen sind für die Befriedigung ihrer physischen Sinne gedacht. Sie haben den Sinn und Zweck des Lebens vergessen. Sie suchen nach Frieden und Glück in sinnenhaften Freuden, anstatt Selbstkontrolle zu üben und sie dort zu finden.

Und dementsprechend ist es auch mit der Religion bergab gegangen. Viele der Priester und andere leitende Persönlichkeiten religiöser Organisationen beschäftigen sich nur noch mit Werbung. Sie streben nach Ehre und Ruhm. Sie möchten die Zahl ihrer Anhänger vermehren, ohne sich im geringsten um deren moralische Entwicklung zu kümmern. Sie greifen zu allen möglichen fragwürdigen Mitteln und werden selbstsüchtig und herzlos. Geistliche mit einer solchen Haltung führen ihre Schutzbefohlenen vom rechten Wege ab und machen sie zu blinden Eiferern. Eine Krähe liebt ihre Jungen und setzt ohne Bedenken ihr eigenes Leben für sie ein, um sie zu retten, wenn sie in Gefahr sind; dieselbe Krähe aber zerreißt unbarmherzig die Jungen anderer Vögel, und wenn sie auch noch so anmutig sind. In ähnlicher Weise bringen auch fanatische Geistliche und ihre Anhänger nicht die geringste Sympathie und Toleranz gegenüber anderen Sekten auf, selbst wenn diese nur Gutes und Edles anstreben. Sie haben das wahre Ziel und Anliegen der Religion aus den Augen verloren. Sie haben die Botschaft ihrer Gründer vergessen. Allein an der mangelhaften moralischen Entfaltung der Menschen und am Fehlen einer sittlichen Lebensführung liegt es, daß es so viel Blutvergießen gibt in der Welt, – und das im Namen Gottes und der Religion. Würden alle religiösen Sekten mehr Gewicht auf Sittlichkeit legen, und würden sich die Priester und ihre Schutzbefohlenen um sittliche Vollkommenheit bemühen, so könnte die ganze Welt zu einem wahren Himmel werden. Obgleich die verschiedenen Religionen die gleiche Mission zu erfüllen haben und dasselbe Ziel und Ideal verfolgen, lassen sie bedauerlicherweise alle das eine grundlegende Gesetz des Lebens außer acht: die notwendige und genaue Befolgung der Grundsätze einer sittlichen Lebensführung als Voraussetzung für Frieden, Wohlstand und Glück der Menschheit.

Das gleiche gilt auch für die verschiedenen Regierungen der Welt. Wie schon gesagt, ist das Ziel der Regierungen, die Rechte und das Eigentum ihrer Bürger zu schützen und sie zu edelmütigen, kultivierten, friedvollen, wohlhabenden und glücklichen Menschen zu machen. Zu diesem Zweck wurden verschiedene Ministerien eingerichtet. Aber sind die Bürger dieser Regierungen mit allen ihren Ministerien, Gesetzen und Gerichtshöfen wirklich glücklich? Sind sie friedvoll? Nein. Überall herrscht große Unzufriedenheit. Die Menschen sehnen sich nach Frieden und Glück, die sie nirgendwo finden. Internationale Friedensorganisationen, religiöse Weltorganisationen und dergl. zu gründen, gehört für manche Leute von Rang und Ansehen zum guten Ton. Jeden Tag schießen irgendwo neue Organisationen, die sich Weltorganisationen nennen, aus dem Boden. Aber trotz dieser vielen Friedensbewegungen und Organisationen lebt die Welt immer noch in der Gefahr eines dritten Weltkrieges, und Weltfriede und allgemeine Wohlfahrt bleiben nur ein Traum. Wenn wir den Gründen, weshalb diesen Organisationen der Erfolg versagt bleibt, gewissenhaft nachgehen, so werden wir finden, daß die Gründer und leitenden Persönlichkeiten dieser Organisationen keine Menschen von Charakter sind. Sie sind moralisch nicht gefestigt. Sie haben ihren Geist und ihre Sinne nicht in der Gewalt. Ihre Handlungen entspringen selbstsüchtigen Motiven, nämlich dem großen, verborgenen Verlangen nach Geltung, Ehre und Ruhm. Menschen mit derartigen Neigungen des Geistes sind unfähig, ihrem Volk und der Welt wirkliche Dienste zu leisten. Ein geistig vorwärtsstrebender Mensch, der sich um vollkommene Kontrolle des Geistes bemüht, entsagt nach einigen harten Kämpfen Hab und Gut, Bequemlichkeiten und dergl.; doch von dem Verlangen nach Geltung kann er sich nicht so leicht freimachen. Diesen Wunsch zu überwinden und ihm zu entsagen, ist ohne Zweifel am schwierigsten und gelingt nur dann, wenn man seinen Geist sehr genau beobachtet, korrigiert und ihn ständig auf den rechten Weg bringt. Ohne völlige Aufgabe dieses Wunsches, der im Verborgenen immer und bei allem mit im Spiele ist, kann niemand irgendetwas wirklich Nützliches leisten, auf welchem Gebiet es auch sei. Es erfordert tatsächlich harte Arbeit, eine echte Führungspersönlichkeit zu werden. Denn wer ein Sklave seines Geistes und seiner Sinne und selbstsüchtig ist, und wessen Tun vom Verlangen nach Geltung bestimmt wird, kann niemals andere führen. Unter einer solchen Führung kann die Welt nur voller Unzufriedenheit und Unglück sein. Was die Welt wirklich braucht, sind führende Persönlichkeiten von sittlichem Format.

Wären die Könige, Präsidenten und Diktatoren der verschiedenen Länder zusammen mit ihren führenden Staatsmännern charakterlich stark und vollkommen gewesen, so hätten sie der Welt unendlich viel Gutes tun können. Die Welt hätte dann in vollkommenem Frieden, Glück und

Wohlstand leben können. Sind diese an allererster Stelle stehenden Menschen jedoch ohne jede Moral, gewissenlos und von Haß und Eifersucht getrieben, – wieviel Schaden richten sie an in der Welt! Wenn ein schlauer, intelligenter und skrupelloser Mensch, dem ein weites Reich zur Verfügung steht, zu einem verschlagenen Menschenscheusal wird, so kann er die Welt in unermeßliches Leid stürzen und schreckliche Verheerungen anrichten, die über jede Vorstellung hinausgehen. Ein wildes Raubtier kann mit all seiner nackten Grausamkeit nur ein paar hilflose Tiere töten, wogegen ein intelligenter, mächtiger, aber gewissenloser Machthaber, der von seinem Ego oder den Interessen seines Landes beherrscht und von Eifersucht, Habgier und Arglist getrieben wird, den Frieden der ganzen Welt zerstören und die Erde zu einer Hölle machen kann. Die Staatskunst ist heute – zum Schaden der Welt – zu einem Deckmantel für Heuchelei, Selbstsucht und Doppelzüngigkeit geworden. Wir haben innerhalb der kurzen Spanne von zwanzig Jahren schon zwei große und schreckliche Weltkriege erlebt. Laßt uns sehen, was die sogenannten großen Nationen während dieser zwei großen Weltbrände taten. Sie benutzten die Wissenschaft, um entsetzliche Waffen, Flugzeuge, Panzer, Bomben und sogar Atombomben zu erfinden, und sie setzten sie hemmungslos nicht nur gegen die Kämpfenden ein, sondern auch gegen hilflose Zivilisten; sie töteten Tausende hilfloser alter Männer und Frauen, Kranke, schwangere Frauen, Jungfrauen, Jungen, Mädchen und Babys. Sie zerstörten viele Städte und machten das Leben nicht nur innerhalb der Kampfgebiete, sondern auch in anderen Teilen der Welt unerträglich. Und niemand empfand Reue über dies Blutbad und die Zerstörung. Im

Gegenteil, manche brüsteten sich noch mit der Verwüstung, die sie schändlicherweise angerichtet hatten und mit den Demütigungen, die sie mit fairen oder unfairen Mitteln ihren Feinden zugefügt hatten. Das ist die Mentalität der führenden Männer des zwanzigsten Jahrhunderts. Diese Art gemeiner Kriegführung, ein solches kaltblütiges Hinmorden unschuldiger alter Menschen, schwangerer Frauen, Jungfrauen und Kinder, und eine so schlagartige Zerstörung ihrer Wohnstätten und ihres Eigentums gab es in alten Zeiten nicht, jedenfalls nicht in Indien. Dort trafen sich in früheren Zeiten die Heere in regelrechten Schlachten. Das unterlegene Heer erkannte seine Niederlage an, und der besiegte König wurde meistens zu einem Vasall; damit endete der Kampf. Selten belästigte die siegreiche Armee ihre überwundenen Gegner; im Gegenteil, man behandelte sie freundlich und menschlich. Damit verglichen ist das, was wir bei der Kriegführung in diesem Jahrhundert erlebten, nichts anderes als Barbarei. Ein Krieger des alten Indien hätte niemals seine Waffe gegen eine Frau oder ein Kind erhoben. Ein ritterlicher Kshatriya (aus der Kriegerkaste) wäre eher gestorben, als daß er etwas so Abscheuliches und Schamloses getan hätte.

Es mag nicht unangebracht sein, ein Blatt der Geschichte Indiens aus jüngster Vergangenheit aufzuschlagen, um zu zeigen, wozu Diplomatie und Staatskunst in der heutigen Zeit fähig sind. Vielleicht bringt es die führenden Persönlichkeiten der Welt zum Innehalten und Nachdenken über ihre Verantwortungen und Pflichten; vielleicht bringt es sie dazu, sich selbst einmal zu fragen, wohin das führt?

Es ist überall verbreitet worden, daß die britische Herrschaft in Indien Freundschaft und Eintracht unter den vielen einander bekämpfenden Glaubensrichtungen stiftete. Die Wahrheit ist, daß die verschiedenen Gemeinschaften noch vor dreißig Jahren glücklich Seite an Seite als Mitglieder einer einzigen Familie lebten. Dann kam das allgemeine Verlangen nach Swarajya, d.h. nach Freiheit. Verschiedene Gemeinschaften schlossen sich in dieser Forderung zusammen. 1914 brach der erste Weltkrieg aus, und die britischen Staatsmänner zogen Indien mit schönen Versprechungen in den Krieg hinein. Bei einer siegreichen Beendigung des Krieges wollte man Indien die Freiheit geben. Der Krieg endete im Jahre 1918, und Indien erlebte eine Enttäuschung; denn statt der Freiheit (Swarajya) erhielt es für seine großen Opfer an Menschen, Geld und Material den Rowlatt-Erlaß (wonach jeder Inder bei Verdacht ohne gerichtliche Untersuchung auf unbegrenzte Zeit ins Gefängnis geworfen werden konnte). Als die Einwohner von Punjab ohne Ansehen von Kaste, Konfession, Geschlecht und Alter friedlich im Jalianwala-Bagh bei Amritsar zusammenkamen, um gegen diese Ungerechtigkeit zu protestieren, wurden viele gnadenlos erschossen, und die Überlebenden zwang man, auf allen Vieren eine Straße entlangzukriechen, als ob man es mit lauter Tieren zu tun hätte. Als die erbarmungslose und wahllose Schießerei weiterging, flohen die Leute in äußerster Bestürzung Hals über Kopf davon, und viele von ihnen fanden in einem nahen Wasser den Tod. Anstatt die Schuldigen zu bestrafen, entschuldigte die britische Regierung das unmenschliche Vorgehen als »eine Fehlentscheidung«, begnadigte die Täter und brachte sie sicher nach England. Dies brachte Gandhi auf den Plan. Er gründete die Bewegung des passiven Widerstands, die von all den verschiedenen Gruppen in Indien mit großer Begeisterung begrüßt wurde. Daraufhin verfiel die britische Diplomatie, um ihre eigennützigen Interessen durchzusetzen, auf den politischen Wahlspruch »teile und herrsche«, dem sie rücksichtslos folgte. Das Resultat war verblüffend. Hindus, Mohammedaner, Sikhs und andere flohen einander, sobald sie einander sahen. Die fanatischen, des Lesens und Schreibens unkundigen Massen, die keine Ahnung von ihrem Dharma (ihren Pflichten) hatten, waren völlig von der Führung durch ihre Priester und Lehrer abhängig, und die britischen Imperialisten beeilten sich, die Flamme des Hasses durch irreführende und zweideutige Parolen zu schüren. Man wiegelte die Mohammedaner auf, sich dem allgemeinen Ruf nach Freiheit entgegenzustellen, und so vergifteten allgemeine Tumulte die Atmosphäre Indiens. In dem großen, heroischen Kampf um Freiheit haben viele große Inder, – Hindus, Mohammedaner und Sikhs (mögen ihre Seelen in ewigem Frieden ruhen!) – bereitwillig ihr Leben hingegeben. Viele starben in den Kerkern, viele hatten eine unmenschliche Behandlung zu ertragen oder zogen sich unheilbare Krankheiten zu. Doch der Kampf um Freiheit ging unaufhaltsam weiter und bereitete der Besatzungsmacht nicht wenig Kopfzerbrechen.

Im Jahre 1939 brach dann der zweite Weltkrieg aus. Und wiederum wurde Indien, obwohl es nicht an europäischen Konflikten teilnehmen wollte, dazu gezwungen, seinen Beitrag an Menschen, Material und Geld zu leisten. Doch bald nachdem dieser Krieg im Jahre 1945 sein Ende fand, entwickelte sich die Situation so, daß der britische Imperialismus gezwungen war, abzutreten, und Indien wurde ein freies Land. Bevor die Engländer jedoch Indien verließen, manipulierten verantwortliche britische Beamte die Dinge so, daß es ihnen gelang, das Land in Hindustan und Pakistan zu teilen. Mahatma Gandhi stellte sich hartnäckig gegen diese Teilung Indiens. Da aber mit Recht zu befürchten war, daß dem Lande weit Schlimmeres drohte, wenn die Engländer noch länger blieben, stimmten die indischen Verhandlungsleiter der Zerstückelung ihres Landes mit großem Widerstreben zu. Dies geschah im Jahre 1947.

Bevor die Engländer Indien verließen, waren sie vorsichtig genug, alle Vorkehrungen für die Sicherheit ihrer Landsleute zu treffen; doch taten sie beklagenswerterweise nichts (und, wie es heißt, vorsätzlich), um das Leben und Eigentum von Minderheiten in den beiden neu geschaffenen Staaten zu schützen. Auch wird gesagt, daß verantwortliche britische Beamte die dem Abzug folgenden Zerstörungen unterstützt und sogar dazu angestachelt hatten. Sei es, wie es sei, die zutiefst schamlosen und unmenschlichen Greueltaten, die kaltblütigen Morde und Massaker, die Brandstiftungen, Plünderungen, Entführungen und Verschleppungen sind zu haarsträubend und gräßlich, um sie in allen Einzelheiten wiederzugeben. Ein um sich greifender Fanatismus gewann auf beiden Seiten die Oberhand, bis Mahatma Gandhi seine mahnende Stimme erhob und dem indischen Volk zeigte, auf welchem Irrweg es war. Ohne ihn wären die vierzig Millionen Mohammedaner in Hindustan hingemordet worden, wie Millionen Hindus und Sikhs in Pakistan vorher. Gandhi gelang es, die gewaltige Aufgabe, die er sich gestellt hatte, zu erfüllen; aber er mußte es mit seinem Leben teuer bezahlen.

Die erwähnten grauenhaften und tragischen Vorgänge zeigen, wie weit skrupellose Staatsmänner und Menschen in leitenden Positionen, angetrieben von Gehässigkeit und Feindschaft gegenüber ihren Gegnern, und in völliger Mißachtung aller ethischen und moralischen Gesetze, zu gehen bereit sind, um ihre persönlichen oder nationalen Interessen durchzusetzen. In der Tat, »wenn der Mensch zum Tier wird, ist er schlimmer als ein Tier«.

Zum Abschluß wollen wir uns der Erziehung und Zivilisation zuwenden. Der moderne Mensch nennt sich gebildet und zivilisiert. Weil er in der Wissenschaft Fortschritte und so viele andere Entdeckungen gemacht hat, bezeichnet er seine Vorfahren als Barbaren. Doch laßt uns sehen, wo der heutige Mensch in Wirklichkeit steht. Es ist wahr, riesengroße Städte sind gegründet worden, in denen Millionen von Menschen wohnen. Es ist wahr, daß schöne geteerte Straßen gebaut worden sind, daß Eisenbahnen, Straßenbahnen, Autos und sogar Flugzeuge erfunden wurden, daß Zeit und Entfernungen überwunden sind. Durch die Entdeckung des Telegraphen, des Telephons und des Rundfunks kann man sich mit anderen Menschen in allen Teilen der Erde in Verbindung setzen. Auf medizinischem Gebiet sind wertvolle Entdeckungen gemacht worden, und die durchschnittliche Lebenserwartung des Menschen hat zugenommen. Die landwirtschaftlichen Erzeugnisse sind besser geworden und haben sich vervielfacht. Riesengroße Fabrikanlagen und Werke sind überall aufgebaut worden, um die Menschen mit den feinsten Textilien, Metallwaren und anderen Dingen des täglichen Lebens zu versorgen. Gleichzeitig damit sind höchst zerstörerische Waffen erfunden worden, wie Maschinengewehre, Fernkampfgeschütze, Panzer und Bomben verschiedener Art, die in Atombomben, Wasserstoffbomben und dergl. ihren Höhepunkt erreichen. Aber ist der heutige Mensch mit allen diesen Dingen wirklich glücklich? In seinem Streben nach Glück hat er sich nahezu selbst aufgerieben, – aber von wirklichem Glück ist er so weit entfernt wie eh und je. Äußere Freuden, und wären es noch so viele, können den Menschen nicht wirklich glücklich machen. Aus diesem Grunde pflegten selbst mächtige Herrscher im alten Indien ihren Kronen zu entsagen, um nach wahrem und immerwährendem Glück zu streben. Wirkliches Glück liegt in der Kontrolle des eigenen Geistes und der Sinne, und in der Erfahrung der letzten Wirklichkeit. Dies hat der heutige Mensch jedoch völlig vergessen und ist zum Sklaven seiner Sinne geworden. Moderne Könige oder Machthaber sind bereit, einer Frau zuliebe ihre Machtstellung aufzugeben, doch würden sie niemals daran denken, diesen Schritt zu tun, um ewigen Frieden und ewige Seligkeit zu erreichen. Betrug, Hinterlist, Selbstsucht, Falschheit, Verleumdung, Lüge, Zügellosigkeit, Unehrenhaftigkeit, Schmuggelei und dergl. sind heute die charakteristischen Merkmale des weltlich gesinnten Durchschnittsmenschen. »Iß, trink, und sei fröhlich« ist sein Wahlspruch. Er hat kein höheres Lebensziel als die Freuden der Sinne. Für ihn sind sittliche Verhaltensregeln ein Buch mit sieben Siegeln. In mancher Hinsicht geht es ihm übrigens schlechter als einem wilden Tier. Der moderne Komfort hat ihn empfindlich gemacht. Er hat die Kraft des Ertragens und die Selbstkontrolle verloren. Er hat keine Widerstandskraft gegen Nöte und Krankheiten. Er ißt gut, trinkt gut, lebt gut, und gönnt sich alles Mögliche; da er aber ein Sklave seines Geistes und der Sinne ist, bleibt er trotz aller materiellen Bequemlichkeiten sehr unglücklich. Wie schon erwähnt, besteht das wahre Ziel der Erziehung und Zivilisation darin, den Menschen zu einem lauteren, friedfertigen, gütigen, wohlhabenden und glücklichen Menschen heranzubilden; und wenn es der Erziehung und Zivilisation nicht gelingt, dies zu erreichen, und wenn der Mensch durch sie sogar schlechter, sinnlicher, unmoralischer und unglücklicher wird, so muß man annehmen, daß ihre Methode mangelhaft und falsch ist. Eine rechte Erziehung und Zivilisation muß den Menschen befähigen, zwischen gut und böse zu unterscheiden, und ihn mit dem Willen und der Kraft ausstatten, sich bedingungslos und unter allen Umständen zur Wahrheit zu bekennen und an ihr festzuhalten.

Kurz gesagt, müssen Moral und Ethik zur eigentlichen Grundlage des menschlichen Verhaltens werden, und so gewiß wie jeder Nacht ein Tag folgt, wird dann die Welt zu Frieden, und die Menschheit zu Glück und Wohlstand finden. Die Nationen der Welt sollten darum an Schulen und Hochschulen ganz besonderen Wert auf Charakterbildung legen und einen Kodex ethischen Verhaltens aufstellen, an den sich jeder unbedingt zu halten hat. Dies ist der leichteste und wirksamste Weg, eine Reform durchzuführen und die Männer und Frauen der kommenden Generationen in rechter Weise zu erziehen, damit sie nicht die gleichen Fehler machen, die sich der moderne Mensch in seiner Verblendung angewöhnt hat, und an denen er mit Selbstgefälligkeit festhält.

3. Brahmacharya (sexuelle Enthaltsamkeit)

(Brahmacharya bzw. sexuelle Enthaltsamkeit wurde in meinem ersten Buch *»The Way to Peace, Power and Long Life«* – *»Der Weg zu Frieden, Kraft und langem Leben«* ausführlich und gewissenhaft behandelt. Hier werde ich mich nur mit der Notwendigkeit von Brahmacharya befassen. Wer Interesse daran hat und Rat in dieser Hinsicht sucht, möge dies Buch lesen.)

Brahmacharya, eine der Regeln ethischer Lebensführung, ist von ganz besonderer Bedeutung. Es ist das wichtigste und wirksamste Mittel zur Geisteskontrolle. Ohne Brahmacharya ist an Geisteskontrolle tatsächlich nicht zu denken. Seine grobe Vernachlässigung in unseren Tagen ist das traurigste Merkmal des modernen Lebens. Wer lügt, oder sogar heimlich einen Mord begeht, kann der Bestrafung so lange entgehen, bis er gefaßt wird. Doch der Verlust an körperlicher und geistiger Energie, der beinahe sofort nach einem Ehebruch oder einer Selbstbefleckung eintritt, auch wenn diese Dinge heimlich geschehen, läßt sich nicht verhindern. Für jene, die im Yoga Vollkommenheit anstreben und zu einer höheren Art der Konzentration des Geistes gelangen wollen, ist die Einhaltung von Brahmacharya eine Notwendigkeit. Die Kontrolle des Geistes und die Kontrolle der sexuellen

Energie sind eng miteinander verbunden. Bei einem Erwachsenen sind die sexuellen Genüsse die stärksten und mächtigsten von allen sinnenhaften Freuden. Jeder sexuelle Genuß stürzt den Organismus in ein Chaos und bringt einen enormen Verlust an mentaler Energie mit sich. In ihm erfolgt die Vereinigung von Shiva und Shakti in ihrer groben Form. Eine solche Vereinigung der beiden in ihrem kausalen Zustand führt zur Seligkeit von Samadhi. Sexuelle Energie ist das eigentliche Lebensmark des Körpers, und um Lauterkeit und Kraft des Geistes und Herzens zu gewinnen, um gewaltige Willenskraft zu entfalten und den Geist rein, subtil und einzielig zu machen, muß man diese Energie zügeln und in die mächtige mentale Kraft umwandeln, die man »Ojas Shakti« nennt. Solange ein Mensch diese Energie nicht bewahrt, ist vollkommene Konzentration des Geistes für ihn ausgeschlossen. Wirkliche Größe und außerordentliche Leistungen sind nur möglich, wenn es einem gelingt, sich bewußt oder unbewußt strikt an Brahmacharya zu halten.

Der mit jedem sexuellen Genuß verbundene Verlust ist unersetzlich. Die bei einem einzigen Coitus verlorengehende Energie entspricht der Kraft, die man für vierundzwanzig Stunden harte geistige Arbeit oder zweiundsiebzig Stunden harte körperliche Arbeit aufwendet. Darum können Männer und Frauen, die Sklaven ihrer sinnlichen Begierde sind, weder Konzentration noch inneren Frieden haben. Sie sind wankelmütig, niemals geradeheraus und meistens feige. Ein Mensch dagegen, der sich fest an Brahmacharya hält, und zwar in Gedanken, Wort und Tat, strahlt wie die Mittagssonne und entfaltet enorme Fähigkeiten. Jedes Wort und jedes Tun eines solchen Menschen ist von Bedeutung und hat eine große Wirkung.

Diese Menschen sind es, es sind die Brahmacharis, die man das Salz der Erde nennt.

Ein Übermaß an Energieverschleiß in sexueller Hinsicht ist die Ursache verschiedener Krankheiten und führt zu vorzeitigem Kräfteverfall und Tod. Je mehr von dieser Energie verlorengeht, um so kürzer wird das Leben. Dagegen erfreut sich der Mensch bei einer strikten Einhaltung von Brahmacharya vollkommener geistiger und körperlicher Gesundheit und sichert sich ein langes Leben. Viele Krankheiten, deren Heilung bei einem gewöhnlichen Menschen lange Zeit in Anspruch nimmt, sind bei einem Brahmachari leicht und schnell geheilt. Jede physische und mentale Tätigkeit, wie Essen, Trinken, Gehen, Sprechen, Denken usw., bedeutet einen mehr oder weniger großen Verlust an »Ojas Shakti« (an großer geistiger Kraft); von allen körperlichen und geistigen Tätigkeiten ist es jedoch der sexuelle Genuß, der dem Körper am meisten »Ojas Shakti« entzieht. Jede Einbuße an dieser Shakti verkürzt das Leben, während ihre Erhaltung das Leben verlängert.

Für eine in jeder Hinsicht glückliche und gesunde Entwicklung von Körper und Geist ist also die Erhaltung der sexuellen Kraft und ihre Umwandlung in »Ojas Shakti« absolut notwendig. Wenn die sexuelle Energie nicht bewahrt und erhalten, sondern verschwendet wird, verliert der Mensch an körperlicher und geistiger Lebenskraft und seine moralische Standfestigkeit. Meistens verfehlt ein solcher Mensch den wahren Sinn und Zweck des Lebens und wird sehr unglücklich. Wer weiterkommen möchte und Wohlstand und Glück anstrebt, und wem daran liegt, Geisteskonzentration zu erlangen, dem bleibt nichts anderes übrig, als sich fest an Brahmacharya zu halten. Ohne dies kann niemals auch nur irgendetwas Gutes und Großes erreicht werden. Denn ein sexuelles Leben verbraucht die Kräfte des Geistes und des Körpers und macht den Menschen unfähig, intensiv und ausdauernd für seine spirituelle und moralische Entfaltung zu arbeiten. Um die höchst geheimnisvollen und subtilen Rätsel und Kräfte des Universums zu erkennen, zu verstehen und zu erfassen, ist ein kraftvoller und gesammelter Geist mit einem sehr wachen und scharfen Intellekt und unerschütterlicher Willenskraft absolut notwendig. Und um diese Eigenschaften auszubilden, gibt es nur den einen königlichen Weg der strikten Einhaltung von Brahmacharya.

Wenn man zwölf Jahre lang ohne Unterbrechung in vollkommenem Brahmacharya lebt, und zwar in Gedanken, Wort und Tat, kommen die subtilen, verborgenen Kräfte des Geistes und der Sinne zur Entfaltung. Gleichzeitig gewinnt auch der Geist an Reinheit und Konzentration. Nur dann erwacht der sechste Sinn, und man wird fähig, die höchst tiefgründigen Wahrheiten der Religion, die sonst über das Fassungsvermögen des Intellektes hinausgehen, mit Leichtigkeit zu begreifen und danach zu leben. Jeder Mensch wünscht sich Kraft, er möchte die Jugend, die Lebenskraft und Schönheit erhalten und sehnt sich nach Freiheit. Alle diese Dinge kann man durch vollkommenes Brahmacharya leicht erreichen. Auch lassen sich dadurch Krankheiten, Unglück und Schwächen aller Art leichter überwinden. Alle, die an Brahmacharya festhalten, bekommen die Kraft, sich selbst und ihr Eigentum vor allem Schaden und Unglück zu bewahren. Hunderte von Yogis und Menschen, die nach Wahrheit suchen, geraten trotz ihrer vielen guten Qualitäten ins

Unglück, weil sie sich nicht an Brahmacharya halten. Denn sexuelle Vereinigung legt die Herzen von Mann und Frau in Ketten.. Daraus entsteht alle Täuschung, die ihre Wurzeln im Egoismus und im Verlangen nach Besitz hat. Lust und Gold, das ist die Welt (Samsara). Und dies ist wahrlich die Hölle. Diesen Dingen verhaftet zu sein, bringt Abhängigkeit und Unglück. Letztlich ist es Begierde, die zu Reichtum führt, und Reichtum wiederum bringt in Abhängigkeit und furchtbare Not. Brahmacharya wäre ein großer Segen für arme Menschen, deren Nahrung so wenig an Nährwert enthält. Ein wohlhabender Mann, der nahrhafte Speisen und Getränke zu sich nimmt, entgeht bis zu einem gewissen Grade den Gefahren des Geschlechtslebens, während ein armer Mensch ungeheuren Schaden davonträgt. Für ihn ist der Verlust, den jeder Beischlaf mit sich bringt, unersetzlich und die Belastung seiner geistigen und körperlichen Gesundheit ungeheuerlich. Das Leben dieser Menschen ist zwangsläufig weit entfernt von Dharma (Pflichterfüllung und Rechtschaffenheit). Meistens sind solche Menschen schwach, ängstlich und beschränkt, und führen ein unwürdiges und niedriges Leben. Wenn diese armen Menschen den großen Wert und die Notwendigkeit von Brahmacharya nur erkennen und dementsprechend ihr Leben einrichten würden, so wären sie besser gegen das Elend der Armut gewappnet und könnten trotz der ungünstigen Verhältnisse etwas Gutes aus ihrem Leben machen.

Vollkommenes Brahmacharya verleiht dem Menschen enorme körperliche und geistige Kraft, sehr große Willensstärke, Mut, Widerstandskraft und einen vollkommenen Charakter. Keine weltliche Macht kann es mit der göttlichen Kraft aufnehmen. Keine weltliche Macht kann der göttlichen Kraft widerstehen. Wer Brahmacharya strikt einhält, steht fest in Gott, er lebt in der Kraft des Selbst und in der Herrlichkeit Gottes. Ist ein Land oder eine Nation reich an solchen wahrhaft großen Männern und Frauen, wird es in jeder Weise aufblühen. Denn für den Frieden und die Freiheit der Welt, und für den allgemeinen und persönlichen Wohlstand ist die vollkommene Einhaltung von Brahmacharya einfach eine absolute Notwendigkeit. Furcht, Ärger, Begierde, Haß und dergl. sind die Vorzeichen von Krankheit und Vorboten des Todes. Derartige heftige Emotionen bringen in den ganzen Organismus Unordnung. Lasterhafte Anwandlungen des Geistes und ausbrechende Leidenschaften rufen im Gehirn und im Körper chemische Veränderungen hervor und vergiften das Zellenleben. Kein Feuer, wie das der sinnlichen Begierde! Das Feuer brennt den Menschen nur hier in diesem Leben; das Feuer der Lust jedoch brennt ihn in diesem und auch im Leben danach. Von allen Übeln dieser Welt ist die Fleischeslust die schmerzlichste und gefährlichste. Ein von sinnlicher Begierde heimgesuchter Mensch ist hilflos, verliert seinen Charme und sein Strahlen und fühlt sich erbärmlich und gequält. Sexuelle Freuden rufen Krämpfe im Körper und im Geiste hervor, sie bringen beide in Unordnung und stürzen sie in ein äußerstes Chaos. Jede heftige Leidenschaft zerstört jedesmal bei ihrem Auftreten Millionen und aber Millionen von roten Blutkörperchen. Wenn dem Körper derartige Emotionen jeden Tag zugemutet werden, kommt es zu schrecklichen Krankheiten, und vorzeitiger Kräfteverfall und Tod sind die Folge. So ist selbst für eine gute geistige und körperliche Gesundheit und ein langes Leben ein striktes Festhalten an Brahmacharya absolut notwendig. Gelangt man dann durch Brahmacharya zu tieferem Wissen, so hilft einem dies, das Rechte vom Unrechten zu unterscheiden, es erleuchtet den Weg zum Himmel und ist in allen Lebenslagen eine Hilfe. Auch ist es unser Gefährte, wenn wir allein sind, unser Freund in der Einsamkeit, unsere Führung im Glück, und hält uns aufrecht, wenn wir im Unglück sind; es ist unsere Zierde unter Freunden und eine Waffe gegen unsere Feinde.

Was das Sexualleben betrifft, so ist die große Mehrzahl der Menschen darin unvernünftiger als die meisten Tiere. Es würde den Menschen gut tun, von der Lebensweise der Tiere etwas zu lernen. Säugetiere, Vögel, Reptilien und selbst die unscheinbaren Insekten haben ein sehr geregeltes Sexualleben. Für die männlichen und weiblichen Exemplare aller Arten gibt es außerhalb der bestimmten Zeiten keine Paarung. Der Mensch jedoch, der sich seiner Intelligenz und seines gesunden Menschenverstandes so sehr rühmt, benimmt sich in dieser Beziehung weit übler. Wie sehr beschämend das doch ist!

Um zusammenzufassen: wirkliche Intuition läßt sich nur erreichen, wenn man sich strikt an Brahmacharya hält. Ohne dies kann man niemals Samadhi erreichen und Brahma-Jnana (Wissen vom Selbst) erlangen. Um die latent schlummernden, enormen schöpferischen Kräfte des Geistes zu wecken, ist die Einhaltung von Brahmacharya eine wesentliche Voraussetzung. Zuerst muß man es im Tun beachten, und dann in Worten und Gedanken. Ohne Zweifel ist dies eine herkulische Arbeit; doch bringt man den Willen dazu auf und die Geduld und Ausdauer, so wird der Erfolg sicherlich nicht ausbleiben. Zu Anfang muß man äußerst vorsichtig sein und genau alle Regeln und Weisungen, die einem Brahmachari vorgeschrieben sind, einhalten. Wenn man dann aber Vollkommenheit erreicht hat, braucht man keinen Rückfall mehr zu befürchten und kann sich, wenn nötig, unter jungen und schönen Menschen des anderen Geschlechts frei bewegen. Verheiratete können einen Schimmer von ihrer wirklichen Willenskraft, Konzentrationsfähigkeit und körperlichen Gesundheit bekommen, wenn sie sich an Brahmacharya halten. Andererseits aber können sie auch die Erfahrung machen, was daraus wird, wenn sie zurückfallen und sich wiederum hemmungslos dem Geschlechtsgenuß hingeben. In der Tat, durch nichts erleidet der Mensch einen größeren Schaden als durch ein sexuelles Leben; und es gibt für ihn keinen größeren Gewinn als ein Leben in Selbstdisziplin und Selbstkontrolle.

4. *Nahrung und Getränke*

Nahrung und Getränke sind für die Geisteskontrolle von großer Bedeutung. Bei ungesunder Kost und mit einem schweren Magen kann man nicht meditieren und auch nicht zur Konzentration kommen. Außerdem ist ein Mensch, der ein Sklave seiner Zunge oder seines Gaumens ist, auch ein Sklave sinnlicher Begierden. Denn zwischen der Zunge und den Geschlechtsorganen besteht ein enger Zusammenhang. Wem ernstlich daran liegt, Brahmacharya strikt einzuhalten, der muß auch im Essen und Trinken vollkommene Beherrschung üben. Manche Menschen und auch viele Sekten haben sehr undurchdachte Auffassungen von der Ernährung. Einige schreiben eine streng vegetarische Diät vor, während andere nichts gegen eine fleischliche Kost einzuwenden haben. Im allgemeinen ist es so, daß der Gründer einer Sekte, wenn er selbst Vegetarier ist, auf die vegetarische Ernährung Wert legt und sie seinen Anhängern empfiehlt. Ist er selbst jedoch zufällig kein Vegetarier, so gestattet er seinen Anhängern, ebenfalls Fisch, Fleisch und dergl. zu essen. Derartige Gesichtspunkte sind jedoch ziemlich einseitig und kurzsichtig. Es ist gewiß weder möglich noch ratsam, Menschen, die in verschiedenen klimatischen Verhältnissen leben, die gleiche Art von Ernährung vorschreiben zu wollen. In der Wahl unserer Nahrung und Getränke sollten wir unseren gesunden Menschenverstand gebrauchen. Wir haben uns nach der Jahreszeit, dem Klima, unserer Konstitution und nach den örtlichen Möglichkeiten zu richten. Die Natur hat in dieser Hinsicht ihre eigene Ordnung. Die Tier- und Pflanzenwelt ist in den verschiedenen Teilen der Erde und je nach den Jahreszeiten unterschiedlich, und Menschen, die sich an die örtlich leicht erhältlichen Nahrungsmittel und Getränke halten, bleiben gesund und glücklich.

In Indien wird die nicht vegetarische Ernährung von manchen engstirnigen Fanatikern sehr angefochten. Schon die bloße Vorstellung, Fleisch zu essen, reizt sie und bringt sie aus der Fassung. Sie können das Fleischessen einfach nicht tolerieren. In diesem Zusammenhang möchten wir eine kleine Begebenheit einflechten. Vor zehn Jahren, als der Autor noch in Hardwar wohnte, stellte ein gewisser Herr aus der Vaish-Kaste (ein Mann, der zu der Kaste der Kaufleute gehört), der ein strenger Vegetarier war, seinem Guru (seinem geistigen Lehrer) folgende Frage: »Herr, da ist ein Mann, der streng vegetarisch lebt; aber er macht sich des Ehebruchs schuldig, lügt, betreibt Schwarzhandel und begeht alle möglichen Schlechtigkeiten. Ein anderer Mann ist ein Fleischesser, aber er ist freundlich, gütig, keusch, rein und barmherzig. Er bricht nicht die Ehe und lügt nicht. Welcher von diesen beiden ist besser und steht Gott näher?« Der Guru gab folgende Antwort: »Mein Lieber, meiner Meinung nach sind beide Menschen Sünder; aber der, der Fleisch ißt, ist der größere Sünder.« Verrät eine solche Antwort nicht die größte Torheit? Und es gibt viele solche schrecklich beschränkten Menschen, die sich als religiöse Lehrer ausgeben und Tausende von Menschen auf falsche Wege bringen. Es sind diese Leute und ihre Anhänger, die unter dem Deckmantel der Religion und im Namen Gottes der Anlaß sind zu Streit und Blutvergießen.

Wie unvernünftig diese Fanatiker sind! Sie haben keine Vorstellung und machen sich keinen Begriff von den Schwierigkeiten der Menschen, die in anderen Teilen der Welt leben. Nach Meinung dieser Leute sind alle Nicht-Vegetarier unreligiös. Ist das aber wirklich so? Kann der Mensch leben ohne Gott und ohne Religion? In der Tat, er kann es nicht. So lange er in einem Körper lebt und der Gedanke an Krankheit und Tod da ist, kann der Mensch Gott und die Religion nicht leugnen. Im wahren Sinne des Wortes gibt es tatsächlich keine Atheisten in der Welt. Wer die Existenz Gottes leugnet oder nicht an ihn glauben will, spricht im gleichen Sinne von der Natur, der Kraft, dem höchsten Geist usw. Und in seinem Herzen fühlt der Mensch sehr wohl, daß es ein höchstes Wesen gibt, das seine Schritte lenkt, und vor dem er seine Knie beugen muß.

Nehmen wir z.B. Menschen, die in extremen klimatischen Verhältnissen leben, nahe dem Nord- oder Südpol der Erde oder in Tibet und auch in Ost-Bengalen (Bangladesh). Nahe dem Nord- und Südpol können die Menschen keinerlei Getreide oder Gemüse anbauen, und ihre Hauptnahrung ist das Fleisch und Öl der Robbe. In Tibet wohnen die Menschen in sehr hoch gelegenen Gebieten. Dort gedeiht kein Getreide, außer in den niedriger gelegenen Tälern, und dies genügt nicht, um das ganze Land damit zu versorgen. Von Indien oder von China wird Getreide in einem gewissen Umfang eingeführt, und so besteht die Hauptnahrung der Menschen dort aus gebratenen Weizenmehlfladen (*Chattu*), Tee und Fleisch; denn sie können sich Schafe, Ziegen und Yaks halten auf dem wenigen Gras, das während der Regenzeit aufsprießt. In Ost-Bengalen stehen während der Regenzeit ganze Felder unter Wasser. Während dieser Zeit kann man also kein Gemüse anbauen. Obwohl man eingeführtes Gemüse bekommen könnte, so ist es doch für die Menschen mit einem Durchschnittseinkommen zu teuer. Aber sie können genug Fische zu einem sehr niedrigen Preis kaufen, und sie können sie sogar ohne große Mühe selbst fangen. Beispiele wie diese ließen sich noch viele anführen; doch mögen diese wenigen für unseren Zweck genügen. Die Not ist die Mutter der Erfindung. In allen diesen Fällen müssen die Menschen, wenn sie leben wollen, sich von den in ihrer Gegend leicht erhältlichen Nahrungsmitteln ernähren. Einen anderen Weg gibt es nicht. Wenn es nach den Ernährungsfanatikern ginge, wären alle Fleischesser Ketzer, für religiöse Übungen nicht geeignet und des göttlichen Schutzes und der göttlichen Gunst und Gnade nicht würdig.

Wir wollen nochmals einen Blick in die ferne Vergangenheit unseres Landes werfen. In alten Zeiten waren die Rishis (die Seher) der arischen Hindus Nicht-Vegetarier. Sie aßen sogar Rindfleisch und tranken das berauschende *»Soma«*. Fleisch und *Soma*, so sagte man, seien die von den Göttern bevorzugten Speisen und Getränke. Die Rishis pflegten den Göttern bei ihren Gottesdiensten und Opferhandlungen reichlich Fleisch und *Soma* anzubieten. Milchkühe zu töten, war ohne Zweifel verboten; aber es war erlaubt, Stiere, Kälber und unfruchtbare Kühe zu schlachten und zu essen. Beispiele aus den Veden bestätigen diese Behauptung. Im Yajur Veda, im Satpath Brahmana, Brihadaranyaka Upanishad, Adhyaya 6, 4. Brahmana, lautet der 18. Vers folgendermaßen: »Wer sich die Geburt eines Sohnes wünscht, der zu einem angesehenen Gelehrten werden soll, religiöse Zusammenkünfte besucht und erhebende Worte spricht, der alle vier Veden studiert und ein hohes Alter erreicht, – ein solcher Vater sollte Reis mit dem Fleisch eines kräftigen oder älteren Stieres kochen lassen, und er und seine Frau sollten es mit geklärter Butter essen. Dann müßte er fähig sein, einen solchen Sohn zu zeugen.« In vielen Teilen Indiens findet man auch heute noch die alte Gewohnheit, Fleisch zu essen; in Bengalen z.B., in Assam, Orissa, Kashmir und in Teilen von Bihar und Uttar Pradesh essen die Brahmanen und die anderen drei Kasten ohne Bedenken Fisch und Fleisch.

Denken wir ferner an die herausragenden geistigen und sittlichen Größen, die bedeutenden Gesetzgeber und die Gründer großer Religionen der Welt. Diese seltenen, großen Persönlichkeiten, denen die Menschen der ganzen Welt folgen, und die sie als Gottinkarnationen oder Gottgesandte verehren, deren Erbarmen für alle lebenden Wesen keine Grenzen kannte, in denen kein Platz für Unwissenheit war, und die überall und in allem ihr eigenes Selbst erkannten; alle diese großen Propheten kamen aus der Gruppe der Nicht-Vegetarier. Manu, Rama, Krishna, Buddha, Mahavira, Zoroaster, Moses, Jesus, Mohammed, Nanak, Laotse, Shinto und Ramakrishna waren alle Nicht-Vegetarier. Wenn die Religion das Fisch- und Fleischessen als eine Sünde verbietet und ihren Anhängern eine rein vegetarische Kost vorschreibt, – waren dann alle diese bedeutenden Menschen unreligiös? Kann Sünde Tugendhaftes hervorbringen? Kann irgendeiner es wagen, diesen bedeutenden Menschen höchste geistige

Errungenschaften abzusprechen? Wenn man diesen einzigartigen Persönlichkeiten ihre hohen und sublimen Errungenschaften abstreiten will, was wird dann aus all den Religionen der Welt?

Die *Tantriker* x) verwenden ohne Bedenken Fisch, Fleisch und Wein in ihrem Gottesdienst, und genauso auch die buddhistischen *Tantriker.* Buddha selbst, der bereit war, für ein Lamm, das geopfert werden sollte, sein Leben herzugeben, und der sich in seinen Predigten gegen die Opferung von Tieren einsetzte, erlaubte seinen Anhängern, unter bestimmten Bedingungen Fisch und Fleisch zu essen. Im *Vinaya-Pitak*, Kapitel 6–8, Seite 245, wird berichtet: »Buddha nahm mit seinen Anhängern an einem Festessen beim König Singa Senapathy teil. Dabei gab Buddha auf eine Frage, die das Fleischessen betrifft, folgende Antwort: 'Oh, ihr Bikkhus, ihr solltet keinerlei Fisch oder Fleisch essen, das extra für euch zubereitet wurde. Jeder, der dergleichen tut, macht sich der Sünde schuldig, die *»Dukkat«* genannt wird. Doch ist es euch erlaubt, dann Fisch und Fleisch zu essen, wenn ihr sicher seid, daß die Tiere nicht für euch getötet wurden.'«

Für den Jainismus ist Ahimsa (das Nicht-Töten oder Nicht-Schaden) das Fundament der Lehre. Keine Religion hat Ahimsa so viel Bedeutung beigemessen wie der Jainismus. Doch im ethischen Verhaltenskodex für Familienväter berücksichtigt der Jainismus die Schwierigkeiten, denen sich ein Familienvater in dieser Hinsicht gegenübersieht, und schreibt ihm eine mildere Form von Ahimsa vor. In den Heiligen Schriften der Jains heißt es, daß jede Handlung, mit der man beabsichtigt, irgendeinem lebenden Wesen zu schaden, eine Gewalttat ist. Braucht jemand harte Worte und verletzt damit die Gefühle eines

x) damit sind nicht die „Sex"-Tantriker gemeint!

anderen, so ist das Gewalttätigkeit in Worten. Denkt jemand Schlechtes von einem anderen oder erwägt, Unrechtes zu tun, so ist dies eine geistige Gewalttat. Für einen Familienvater ist es nicht möglich, alle diese Arten von Verletzung gänzlich zu vermeiden, und so wird ihm empfohlen, bei der Erfüllung seiner weltlichen Verpflichtungen anderen so wenig wie möglich zu schaden. Um den Menschen praktische Richtlinien in dieser Hinsicht zu geben, wurden vier Hauptarten der Schädigung anderer Lebewesen unterschieden, und zwar 1. die unbeabsichtigte Verletzung, 2. die mit einem Beruf zusammenhängende Verletzung, 3. die Verletzung als Schutzmaßnahme und 4. die absichtliche Verletzung. 1. Die unvermeidliche Verletzung kleiner Lebewesen beim Hausbau, beim Kochen, beim Mahlen des Mehles, beim Gehen, Baden und anderen ähnlichen Tätigkeiten im täglichen Leben fällt unter die erstgenannte Gruppe. 2. Der Schaden, den ein Soldat dem Feinde zufügt, indem er ihn bekämpft und tötet, oder den ein Bauer beim Bestellen des Ackers oder andere bei anderen beruflichen Tätigkeiten lebenden Wesen zufügen, gehört in die zweitgenannte Gruppe. 3. Der Schaden, der entsteht, wenn man sich selbst, seine Frau, seine Kinder und andere vor den Angriffen anderer Menschen oder wilder Tiere schützt, entspricht der dritten Gruppe, und 4. das Verletzen und Töten von Tieren und anderen niederen Lebewesen, einfach um zu töten oder um Schaden anzurichten, entspricht der vierten Gruppe. Von Familienvätern erwartet man, daß sie sich der vierten Art des Schadenzufügens völlig enthalten und Unrecht der anderen drei Arten möglichst einschränken. Das Gelöbnis eines Familienvaters, *Ahimsa* einzuhalten, wird darum *Anuvrata* (das kleinere Gelöbnis) genannt.

Kein Buch ist in Indien so populär wie die Bhagavad-Gita, und der Name von Sri Krishna ist in jedem Hause bekannt. Jede Sekte zitiert zur Rechtfertigung ihrer Auffassung die Bhagavad-Gita als eine Autorität. Doch ist es gerade die Weigerung Arjunas, einen rechtmäßigen Kampf zu kämpfen und seinen eigenen Großvater (*Pitamaha*), seinen Lehrer (*Guru*) und andere Verwandte und Bekannte zu töten, auf die sich die ganze Gita aufbaut. Nach Ansicht der Frömmler hatte Arjuna recht, den rechtmäßigen Kampf zu verweigern. Sri Krishna jedoch vermittelte Arjuna – aus reinem Mitleid und aus Liebe zu ihm – in achtzehn Kapiteln das tiefgründigste Wissen, befreite ihn von seiner Unwissenheit und brachte ihn dazu, die furchtbare Schlacht von *Kurukshetra* zu schlagen. Wie könnten wir Sri Krishnas Belehrung in der Bhagavad-Gita erklären, wenn das Töten von Menschen *unter allen Umständen* eine *absolute* Sünde wäre?

Ohne Zweifel ist das Töten eine Sünde. Es ist sogar schon eine Sünde, anderen in Gedanken und Worten zu schaden. Nicht eine einzige der bekannten Religionen fordert ihre Anhänger auf, unbarmherzig andere Lebewesen zu töten oder unfreundlich zu behandeln. Jede Religion weist in ihren Grundregeln ethischen Verhaltens mit Nachdruck darauf hin, wie wichtig es ist, Liebe und Barmherzigkeit gegenüber allen lebenden Wesen zu üben. Und doch erhält sich in dieser Welt ein Leben nur auf Kosten anderer Leben. Das niedrigere Leben dient dem höheren Leben als Nahrung. Im Wasser, in der Luft usw. existieren unzählige lebende Wesen, die man mit bloßem Auge nicht sehen kann. Schon beim bloßen Atmen, Gehen, Sprechen, Trinken und Essen von Gemüse, Getreide und Früchten tötet man Millionen und aber Millionen mikroskopischer Organismen. Wenn man dies alles bedenkt, sollte man einsehen, daß man vollkommenes Ahimsa (das Gebot des Nicht-Tötens und Nicht-Schadens) nur in Nirvikalpa Samadhi verwirklichen kann. Denn in diesem Zustand wird der Körper fast zu einem Leichnam, der nicht mehr atmet, sich nicht mehr bewegt und nicht mehr denkt. Außer in Nirvikalpa Samadhi kann Leben nur auf Kosten anderer Leben erhalten bleiben. Demnach sind es also die äußeren Umstände und die Haltung des Geistes, wodurch eine Tat zur Sünde wird. Ist das Ego bzw. der Gedanke an das »Ich« beim Handeln ausgeschaltet, sündigt man nicht. Allein die Vorstellung von »ich« und »mein« läßt Bindungen entstehen und bereitet dem Menschen Höllenqualen.

Was schließlich die Ernährung eines Sadhaka (eines geistig Vorwärtsstrebenden) betrifft, so sollte jeder selbst herausfinden, was ihm am besten bekommt. Die gewählte Nahrung sollte frisch, wohlschmeckend, einfach, nahrhaft und leicht verdaulich sein. Sie sollte weder die Sinne noch den Magen reizen. Zu schwere und abgestandene Gerichte, stark gewürzte, verdorbene und übel riechende Speisen, herbe und bittere, saure, scharfe oder sehr heiße Dinge, Myrobalans, Betelnüsse und Betelblätter, *Conjee*-Öl, Sesam, Senf, Teufelsdreck, Knoblauch, zu viele Süßigkeiten, zuviel Zucker und Salz, gekochte und nach drei Stunden wieder aufgewärmte Speisen, – alle diese Dinge sollte man meiden. Sie schaden insofern, als sie müde machen und die Konzentration beeinträchtigen. Wer in einem sehr heißen Klima lebt, sollte kühlende Speisen und Getränke zu sich nehmen. Zuviel davon ist jedoch unzuträglich und schädlich. Ein Sadhaka muß darum achtgeben und in allem, was er zu sich nimmt, mäßig sein. Und wenn er in einem sehr kalten Klima lebt, sollte er sich an wärmende Speisen und Getränke halten, und zwar so, daß Körper und Geist in normaler Weise arbeiten können. Jeder Mensch, ob er in einem heißen, kalten oder gemäßigten Klima lebt, muß selbst herausfinden, was er braucht, und sich dementsprechend verhalten. Aber wo man auch leben und sich in Geisteskontrolle üben mag, immer sollte man seine Nahrung sehr regelmäßig und zu ganz bestimmten Stunden einnehmen. Schon ein bißchen zuviel oder zuwenig an Nahrung wirkt während der Zeit intensiven geistigen Trainings störend und beunruhigt den Geist. Man sollte niemals den Magen überladen. Es schadet sehr und führt zu einem Rückschlag. Am besten ist es, den Magen halb mit fester Nahrung zu füllen, zu einem Viertel mit Wasser und das letzte Viertel leer zu lassen. Niemals sollte man Nahrung oder Getränke zu sich nehmen, nur weil es einen danach gelüstet. Man sollte nicht Sklave seines Gaumens sein. Für einen Sadhaka ist dies eine unverzeihliche Sünde. Es wirft ihn in der Konzentration und in der Geisteskontrolle weit zurück. Man muß darum seine Eßgelüste vollkommen in der Gewalt haben. Der Wunsch und das Verlangen nach besonderen Spezialitäten im Essen und Trinken sollten rücksichtslos niedergekämpft werden. Wenn man Nahrung und Getränke zu sich nimmt, sollten sie rein und heilig sein; und dies erreicht man, indem man sie vor dem Essen in Gedanken Gott darbringt. Ein solches in tiefem Glauben dargebrachtes Opfer macht die Nahrung von allen Unreinheiten frei.

Unter bestimmten Voraussetzungen werden Speise und Trank unrein, und dies sollte man um jeden Preis vermeiden. So sollte ein Sadhaka niemals Speisen zu sich nehmen, die drei oder mehr Stunden vorher gekocht wurden. Tut er es dennoch, so stellen sich Blähungen und Magenstörungen ein. Wenn Staub, Haare oder Fliegen in die Speisen fallen, sollte man sie nicht essen. Dies ist auch vom hygienischen Standpunkt aus vernünftig. Aus der Hand eines unreinen und schlechten Menschen sollte man nichts Eßbares annehmen, und auch nicht von einem, der seinen Lebensunterhalt auf unrechte Weise bestreitet. Man begibt sich damit in die Gefahr der Ansteckung. Wenn ein Sadhaka solcherlei Speisen und Getränke zu sich nimmt, verliert er die Kraft zur Konzentration und sein Geist neigt dazu, unrein und sündhaft zu werden. Für die *Sraddha*-Zeremonie zubereitete Speisen (im Namen eines Verstorbenen angebotene Speisen) sollten von einem Sadhaka nicht gegessen werden. Sie würden ihm sehr schaden. Im übrigen sollte für unsere tägliche Ernährung der gesunde Menschenverstand ausschlaggebend sein (mit Berücksichtigung von Jahreszeit und Klima und der Bekömmlichkeit und Verfügbarkeit der Dinge).

5. *Unterscheidung und Leidenschaftslosigkeit (Viveka und Vairagya)*

Unterscheidung und Leidenschaftslosigkeit (*Viveka und Vairagya*) gehören immer zusammen. Wirklicher Unterscheidung folgt stets echte Leidenschaftslosigkeit. Man sollte ständig zwischen dem Wirklichen und Unwirklichen, zwischen gut und böse, Tugend und Laster usw. unterscheiden. Wenn man wirklich beginnt, die Unwirklichkeit der weltlichen Dinge und flüchtigen Freuden der Sinne zu begreifen, wird man notgedrungen nach der einen Wirklichkeit und nach echtem Glück suchen. Und dies Suchen führt schließlich dazu, daß man sich um wirkliche Leidenschaftslosigkeit gegenüber den Augenblicksfreuden der Sinne bemüht und sich an die immerwährende Seligkeit hält, zu der man durch die Verwirklichung der eigenen wahren Natur, des Atman, gelangt.

Die Vorstellung von »ich« und »mein« ist es, die den Menschen abhängig macht. Diese Vorstellung ist wirklich die Hölle. Sie ist es, die den Menschen so unsagbar leiden läßt. Solange dies kümmerliche Ego bleibt, leidet der Mensch Höllenqualen, und es gibt kein Ende seines Elends, seiner Sorgen, Schwierigkeiten und Leiden. Wem es ernstlich um wirklichen Frieden und wahre Seligkeit zu tun ist, und wer sich darum bemüht, seinen Geist und seine Sinne zu beherrschen, der muß sich von dieser Vorstellung freimachen. Dies klägliche Ego muß sterben, ehe das Licht wahren Wissens und wahrer Weisheit im Menschen aufgehen kann. Alle Wünsche, Gedanken und Planungen haben ihre Ursache im Ego. Ein Mensch voller Pläne und mit einem von unzähligen Wünschen und Gedanken erfüllten Geist kann niemals vollkommene Konzentration erreichen. Darum muß man zuerst zwischen gut und schlecht unterscheiden, sich von allen schlechten Wünschen und Gedanken freimachen und an deren Stelle den Geist mit guten und edlen Wünschen und Gedanken erfüllen. Auf einer höheren Stufe sollte man lernen, selbst die guten Wünsche und Gedanken aufzugeben, um zu vollkommener Konzentration zu gelangen. Denn sowohl gute wie schlechte Wünsche und Gedanken binden den Menschen und sind Hindernisse auf dem Weg zur höchsten Konzentration des Geistes.

Wenn wir uns einen Dorn in den Fuß treten, so entfernen wir ihn mit Hilfe eines anderen Dornes oder einer Nadel, und ist der Dorn entfernt, so werfen wir den anderen Dorn fort oder legen die Nadel beiseite. Beide sind nun wertlos für uns geworden. Ähnlich ist es mit dem Geist; um ihn von Sünden zu befreien, sollten wir uns um tugendhafte Wünsche, Gedanken und Handlungen bemühen. Und sind Geist und Herz geläutert, sollten wir alle Wünsche und Gedanken aufgeben. Nur dann können wir die höchste Stufe der Konzentration erreichen. Jeder Wunsch ist Ausdruck eines Mangels, und jeder Mangel hat seinen Grund in der Dualität. Dieser Mangel ist es, der dem Geist seine Ruhe und Beständigkeit nimmt. Wenn wir einen Faden durch ein winziges Nadelöhr bringen wollen, müssen wir ihn gut zwirbeln und zusammendrehen, um alle Fäserchen in eine Richtung zu bekommen. Ist der Faden nicht gut gedreht, und ragt irgendein noch so feines

Fäserchen heraus, kann man den Faden nicht durch das Nadelöhr bringen. Genauso ist es mit dem Geist. Jeder Wunsch, wie edel und gut er auch sein mag, wirkt wie eine herausragende Faser, die das Hindurchgleiten des Fadens durch das Nadelöhr verhindert. Will man also die höchste Stufe der Konzentration (*Nirvikalpa Samadhi*) erreichen, so muß man selbst das Verlangen nach Freiheit (*Moksha*) aufgeben. Dies bedeutet, daß der Geist von jeglicher Art von Wünschen völlig frei werden muß. Dann, und nur dann, kann man Samadhi erreichen.

Um von der Ich-Vorstellung frei zu werden und Wunschlosigkeit zu erreichen, bedient man sich verschiedener Methoden. Einige davon sind: Raja-Yoga, Bhakti-Yoga, Karma-Yoga und Jnana-Yoga. Menschen, in denen die Fähigkeit zur Sammlung überwiegt, wenden sich dem Raja-Yoga zu; es fällt ihnen nicht schwer, den Geist durch Pranayama und Meditation zu beherrschen, und so befreien sie sich von der Ich-Vorstellung, indem sie Samadhi (den transzendentalen Bewußtseinszustand) erreichen. Menschen, in denen die Fähigkeit des Fühlens überwiegt, wählen Bhakti-Yoga; sie erreichen auf diese Weise Samadhi und überwinden die Ich-Vorstellung. Menschen, bei denen der Wille vorherrscht, finden es am leichtesten, den Weg des Karma-Yoga zu gehen und Reinheit des Geistes und Herzens durch selbstlose Arbeit zu gewinnen; und sie gelangen dadurch zu Samadhi und wachsen über die Ich-Vorstellung hinaus. Und schließlich wählen Menschen, die mit einem scharfen Intellekt begabt sind, und in denen die Unterscheidungskraft des Geistes überwiegt, Jnana-Yoga, um Samadhi zu erreichen und so die Ich-Vorstellung hinter sich zu lassen. Welchen Weg man auch wählen mag, das Hauptziel liegt darin, vom Ego vollständig frei zu werden. Ein Bhakta überwindet es, indem er ständig an Gott denkt, ihm dient, ihn liebt und aufrichtig betet. Ein Jnani befreit sich vom kümmerlichen Ego, indem er sich ständig mit dem Selbst und nicht mit dem Körper identifiziert. Ein Raja-Yogi entsagt dem Ego, indem er die Sinne und den Geist beherrscht und letzteren ständig in Gott bzw. im Atman festhält. Ein Karma-Yogi tut es, indem er sein ganzes Tun als Gottesdienst betrachtet und sich selbst nur als Werkzeug oder Diener Gottes fühlt. Das »Ich« ist die Ursache des Kreislaufs von Geburt, Wachstum, Verfall und Tod (von *Samsara*). Mit dem »Ich« im Mittelpunkt baut sich der Mensch sein eigenes riesiges Reich. Und nicht eher ist dies »Ich« überwunden, als bis das ganze Reich zusammenbricht und er zu ewigem Frieden und unvergänglicher Seligkeit gelangt.

Der Mensch leidet entsetzlich in dieser Welt, weil es ihm an Leidenschaftslosigkeit fehlt. Für gewöhnlich hängt der Mensch an so vielen Dingen: an seiner Frau, seinen Kindern, Eltern, Freunden und Verwandten, an Ehre und Ruhm, am Geld usw. Diese Anhänglichkeit bereitet ihm Höllenqualen; und solange er sich nicht um Gleichmut gegenüber diesen weltlichen Dingen bemüht, kann er nicht wirklich Frieden finden und dauerhaft glücklich sein. Alle weltlichen Dinge sind eine Täuschung. Sie sind vergänglich und wandeln sich ständig. Völlig allein tritt der Mensch ein in diese Welt, und völlig allein geht er im Tode wieder hinaus. Was ihm folgt wie ein Schatten, sind die guten und schlechten Auswirkungen seines Karma (seiner Taten). Mit Freunden, Verwandten und Bekannten ist es wie mit Bekanntschaften auf einer Eisenbahnreise. Menschen, die verschiedene Stationen erreichen wollen, begegnen einander für kurze Zeit im Eisenbahnabteil und werden für eine kleine Weile gute Freunde. Kommen sie aber nacheinander an ihr Reiseziel, so steigt einer nach dem anderen aus, sagt »Lebewohl« und geht davon. Ähnlich sind auch unsere Beziehungen in dieser Welt. Aber freilich, sollen denn alle Menschen der Welt entsagen und Mönche werden? Nein. Was nötig ist, ist nur eine Wandlung des Herzens und eine andere Auffassung von der Welt, die tatsächlich nichts anderes ist, als eine Projektion unseres eigenen Geistes. Durch richtiges Training und rechtes Verständnis kann man wirklich friedvoll in dieser Welt leben, ohne zum Sklaven der Arbeit zu werden. Wirkliche Leidenschaftslosigkeit liegt also in der richtigen Geisteshaltung. Man sollte in dieser Welt leben, aber die Welt sollte nicht in uns leben. Ein Boot schwimmt auf dem Wasser, aber das Wasser sollte nicht ins Boot gelangen. Wenn Wasser das Boot füllt, so sinkt es. Genauso ist es auch mit dem Geist. Der Mensch kann unbeschadet leben in dieser Welt, wenn er wahre innere Leidenschaftslosigkeit ausbildet. Hänge dich nicht an irgendjemanden oder an irgendetwas. Liebe alle und jeden; hilf den Armen, den Kranken und den Behinderten; aber hüte dich dabei vor Anhänglichkeit an irgendjemanden. Anfänglich ist es schwierig, dies durchzuführen; doch wenn man es in tiefem Glauben, mit Geduld und Fleiß versucht, so wird es einem im Laufe der Zeit leicht und selbstverständlich.

Für die Konzentration des Geistes ist Leidenschaftslosigkeit unbedingt notwendig. Denn ein von Wünschen geplagter Mensch ist ruhelos und kann darum auch nicht meditieren. Ein nicht meditativer Geist kann keinen Frieden haben. Ein unruhiger und nach Ehre, Ruhm, Geld, Vergnügungen und dergl. strebender Mensch wird sich niemals konzentrieren können. Der Geist eines solchen Menschen ist immer rastlos und unausgeglichen. Sogar Menschen, die im Überfluß zu essen und zu trinken haben, sind oft sehr unglücklich, weil sie Sklaven ihres Geistes und ihrer Sinne sind und unter ihrem starken Verhaftetsein an Sinnesgegenstände leiden. Nur Menschen, die sich in echter Leidenschaftslosigkeit üben, werden wirklich glücklich, auch wenn sie nichts besitzen. Unser Wohl oder Wehe hängt also von unserem eigenen Geist ab, d.h. von dem Training, das wir ihm zukommen lassen. Wenn man ihn in rechter Weise erzieht, und wenn man lernt, wie man Leidenschaftslosigkeit entwickelt und Sinne und Geist beherrscht, kann man den Himmel auf Erden schon in diesem Leben haben, auch wenn man arm ist.

Selbst was die körperliche und geistige Gesundheit betrifft, ist Leidenschaftslosigkeit von großer Bedeutung in unserem Leben. Man sollte alle Arten von Emotionen beherrschen und aufgeben. Alle mehr oder weniger quälenden Gemütsbewegungen, wie sinnliche Begierde, Zorn, Habgier, Stolz, Arroganz, Haß, Furcht, Angst, Eifersucht, Sorgen und dergl. wirken sich verhängnisvoll auf die geistig-seelische und körperliche Gesundheit eines Menschen aus. Jedesmal, wenn diese Emotionen in heftiger Form auftreten, bringen sie den ganzen Organismus in Unordnung, erzeugen Hitze und Gift im Blut, rufen Verwirrungen im Gehirn hervor und töten Millionen von Blutkörperchen, wodurch es zu vielerlei Krankheiten kommt, wie Nervenschwäche, Fieber, Husten, Verdauungsstörungen, zu Hochdruck, Tuberkulose, Diabetes usw. Durch echte Leidenschaftslosigkeit kann man eine Vielzahl von Krankheiten überwinden und bei guter geistiger und körperlicher Gesundheit lange leben.

Selbstsucht ist eine der schlimmsten Krankheiten unserer Tage. Der Mensch ist in allen Bereichen und allen Gesellschaftsschichten sehr selbstsüchtig geworden. Er gibt sich nicht zufrieden mit dem, was er hat. Er findet keinerlei Befriedigung. Ein armer Mensch meint, er wäre glücklich, wenn er wenigstens fünf Mark für einen Regentag beiseite legen könnte. Wenn es ihm gelingt, diese Summe zu beschaffen, findet er, daß es doch sehr wenig ist und möchte mehr und immer mehr. Selbst wenn er hundert Mark zusammenbringt, erscheint ihm der Betrag zu gering, und er möchte wenigstens tausend Mark haben. Seine Wünsche haben kein Ende. So verbringt er, hoffend, wo nichts zu hoffen ist, und mit täglich neuen Plänen, sein Leben in Armseligkeit und Unzufriedenheit. Der arme Tropf, ohne etwas über den Wert und die Bedeutung der Leidenschaftslosigkeit zu wissen, und ohne gelernt zu haben, wie man ein Leben in Zufriedenheit führt, stirbt inmitten seiner Geschäftigkeit. Selbstsucht ruiniert sowohl das Leben der Einzelnen wie auch das der Nationen. Unzufriedenheit und Selbstsucht sind die beiden Hauptursachen von blutigen Kriegen, von der Unterdrückung der Schwachen und Unschuldigen, und der Verwandlung der Welt in eine wahre Hölle. Alle Menschen und alle Nationen möchten glücklich sein. Jeder möchte auf Kosten anderer gut essen, gut trinken, sich gut kleiden und in gut eingerichteten Häusern wohnen. Wenn alle Männer und Frauen lernen würden, wirklich leidenschaftslos zu sein und Geist und Sinne zu beherrschen, wenn sie freundlich, gut, edel und großmütig wären, so könnten sie wirklich Frieden haben, glücklich sein und das Reich Gottes auf Erden schaffen. Um also in der Kontrolle und Konzentration des Geistes schnelle Fortschritte zu machen, ist wahre Leidenschaftslosigkeit absolut unerläßlich. Unruhe, Krankheit, Leid und Sorgen zehren an den Kräften des Geistes, und es ist dann sehr schwierig, sich in der Konzentration zu üben. Will man den Geist beherrschen, muß man ihn ruhig, friedvoll und von weltlichen Wünschen, Gedanken und Sorgen frei halten. Um dies zu erreichen, braucht man echte Leidenschaftslosigkeit gegenüber allem, was man sieht, erlebt und hört. Jede Anhänglichkeit an weltliche Dinge ist eine Sünde, die den Menschen erniedrigt und ihn abhängig macht. Sie verzögert seinen Fortschritt und beraubt den Geist seiner Reinheit. Wenn man also den ernsten Wunsch hat, in der Selbstbeherrschung voranzukommen, muß man wirklich leidenschaftslos sein und sich im Geist der Entsagung üben. Denn der Geist ist etwas sehr Subtiles und betrügt den Menschen auf mancherlei Weise. Man sollte darum stets auf der Hut sein, ihn ständig beobachten und immer wieder auf den rechten Weg bringen.

Die alten Rishis (die Weisen Indiens), denen der wahre Wert der Leidenschaftslosigkeit wohlbekannt war, unterschieden vier Abschnitte im Leben eines Menschen (vier Ashramas): den des Lernenden (Brahmacharya), den des Familienvaters (Grihastha), den des zurückgezogen Lebenden (Vanaprastha), und den des Mönches (Sannyasa). Und schon von Anfang des Lebens an, d.h. schon als Lernende (als Brahmacharis), übten sie sich in Leidenschaftslosigkeit. Jeder Junge und jedes Mädchen der höheren Kasten mußte bis zum fünfundzwanzigsten Lebensjahr in strenger sexueller Enthaltsamkeit (in Brahmacharya) leben. Während dieser Zeit führten sie ein kraftvolles

Leben in Selbstdisziplin und Geisteskontrolle. Schon in diesen frühen Jahren lehrte man sie das *»einfache Leben und hohe Denken«* sowie vollkommene Selbstlosigkeit. Auf diese Weise konnte man von ihnen erwarten, völlig Herr über ihre Sinne und ihren Geist zu werden und leidenschaftslos gegenüber den Dingen der Welt zu sein. Wer den Wunsch hatte, seinen ganzen irdischen Entfaltungsweg in sexueller Enthaltsamkeit (im Zölibat) zu leben, blieb Brahmachari und heiratete nicht. Und wer eine Familie gründen wollte, heiratete mit fünfundzwanzig Jahren, d.h. nachdem er seine Studien beendet hatte. Aber auch den Verheirateten legte man nahe, ein Leben in Rechtschaffenheit (Dharma) zu führen und sich in Leidenschaftslosigkeit zu üben. Denn der Sinn und Zweck des Familienlebens ist das Erlangen von Dharma (Rechtschaffenheit) von Artha (Wohlhabenheit), von Kama (Freude) und von Moksha (Befreiung). Mit der Rechtschaffenheit (Dharma) als grundlegender Eigenschaft sollte ein Familienvater nach Wohlhabenheit streben, und das erworbene Gut dann mit Freuden gemäß den Grundsätzen der Rechtschaffenheit anwenden. Und schließlich, wenn alle Pflichten des Familienlebens erfüllt waren, sollte jeder Mann und jede Frau alle weltlichen Tätigkeiten aufgeben und die ganze Zeit nutzen, um zur Freiheit (Moksha) zu gelangen. Leidenschaftslosigkeit erst im vorgeschrittenen Alter zu üben, ist wirklich sehr schwierig, es sei denn, daß man tatsächlich vom Geist der Entsagung – als Folge trefflicher Verdienste (guter Samskaras) aus vergangenen Leben – ergriffen wird. Ein älterer Mensch hat mit so manchen Schwierigkeiten zu kämpfen. Erstens wird es zu einem großen Problem, körperlich gesund zu bleiben. Zweitens sind der ungezügelte Geist und die Sinne allzu unruhig, um sie ohne Schwierigkeiten zu beherrschen und auf den rechten Weg zu bringen. Drittens haben sich lebenslange Sitten und Gewohnheiten zu fest eingewurzelt, als daß man sie ein für allemal ändern und verbessern könnte. Viertens kann man weder körperlich noch geistig so hart arbeiten wie in der Jugend. Die beste Zeit, um sich in Leidenschaftslosigkeit, Geistes- und Sinneskontrolle zu üben, ist darum die spätere Kindheit und Jugend, d.h. die Zeit zwischen dem zehnten und dreißigsten Lebensjahr. Die Gewohnheiten, die man während dieser Zeit annimmt, bleiben fürs ganze Leben. Solange man in Indien die Regeln dieser vier Lebensabschnitte genau einhielt und die Menschen auf dem Weg der Rechtschaffenheit blieben, lebte das ganze Volk im Wohlstand. Indien erlebte damals den Höhepunkt seines Glanzes. Der Niedergang kam erst mit dem Verfall der Ashramas und ihrer Dharmas (mit der Außerachtlassung der Lebensabschnitte und ihrer Gesetze). Manche Menschen schreiben, weil sie nicht genügend unterrichtet sind, den Niedergang Indiens der Religion zu. Das ist jedoch völlig unsinnig. Selbst heute, wenn Indien zu Wohlstand kommen will, wenn es sein uraltes Wissen an die Welt weitergeben und Frieden auf der Erde schaffen möchte, muß es sich auf sein Dharma besinnen und es neu beleben.

6. *Asana bzw. Körperhaltung*

Asana bedeutet Körperstellung oder Körperhaltung. Es gibt unzählige Yoga-Stellungen, doch halten die Yogis vierundachtzig davon für besonders nützlich. Diese Yoga-Asanas haben den Zweck, den Menschen bei guter körperlicher, geistiger und spiritueller Gesundheit zu erhalten. Regelmäßige und systematische Übung dieser Asanas kräftigt den Körper und macht ihn beweglich, gesund und sehr elastisch. Die Asanas fördern den Appetit und erleichtern die Beherrschung der Gemütsbewegungen und die Einhaltung von Brahmacharya. Auch verteilen sie das Blut gleichmäßig über den ganzen Körper, kräftigen die Nervenströme und sorgen für eine gesunde Funktion der verschiedenen Organe, so daß der Mensch zu innerem Frieden kommt und der Geist sich besser konzentrieren kann. Die Asanas heilen Krankheiten mancherlei Art. Selbst chronische Krankheiten werden durch regelmäßiges und systematisches Üben der Asanas völlig ausgeheilt. Einige der Übungen tragen auch zum Erwachen der Kundalini Shakti bei (der zentralen körperlichen Kraft). Manche Übungen macht man im Stehen, einige im Liegen, andere im Sitzen und wiederum andere mit dem Kopf nach unten und den Beinen nach oben. Vier der Asanas, und zwar Padmasana (der Lotossitz), Siddhasana (der vollkommene Sitz), Swastikasana (Hakenkreuzsitz) und

Sukhasana, werden für die Ausführung folgender Übungen empfohlen: (1) für die Ausübung von Mantra-Jap, (2) für Pranayama, (3) für die Erweckung der Kundalini Shakti und (4) für Konzentrationsübungen. Der beste und vorteilhafteste Sitz ist für jeden der, in dem er leicht und bequem längere Zeit sitzen kann.

Folgende Regeln sollte man beachten

Das Asana muß fest sein und der Körper sollte nicht schwanken. Mit einem schwankenden Körper kann man sich nicht konzentrieren oder Pranayama üben. Vielmehr wird der Geist durch den schwankenden Körper gestört und man verliert die Konzentration. Wenn man ohne Unterbrechung drei Stunden lang ruhig und ohne Schwierigkeiten in irgendeinem der Asanas sitzen kann, hat man Vollkommenheit im Asana (Asana Siddhi) erreicht. Sitze stets aufrecht, den Kopf und das Kinn leicht nach hinten und nach oben gezogen, wodurch die Kehle ein wenig zusammengedrückt wird. Ziehe den After leicht zusammen und ziehe ihn nach hinten und nach oben, ebenso den Unterleib. Der Körper, d.h. Kopf, Hals und Brust müssen in einer geraden Linie sein, so daß das ganze Gewicht des Oberkörpers auf den Rippen ruht. Laß das Rückgrat immer eine gerade Linie bilden, und wölbe die Brust gut nach vorne. Sitze niemals in einer gebeugten Haltung. Dies wirkt sich für die geistige und physische Gesundheit sehr nachteilig aus. In einer solchen Haltung kann man nicht lange sitzen. Zweitens kann man keine hohen und erhebenden Gedanken haben. Drittens hindert es die freie Zirkulation der Prana-Ströme (der Nerven-Ströme). Viertens kann man sich Krankheiten verschiedener Art zuziehen, wenn die freie Zirkulation der Nervenströme gestört ist. Denn ein Mangel oder ein Zuviel an Nervenströmen in irgendeinem Teil des Körpers führt zu Krankheiten in diesem Teil. Man kann also durch eine aufrechte Haltung die freie Zirkulation der Nervenströme in den verschiedenen Teilen des Körpers fördern. Der die Nervenströme erzeugende Dynamo hat seinen Sitz im Muladhara-Chakra (dort, wo After und Harnröhre aneinandergrenzen). Die beiden Hauptnerven des sympathischen Nervensystems sind *Ida* und *Pingala*; durch sie fließen die zuführenden und wegführenden (die afferenten und efferenten) Nervenströme. Diese beiden Hauptnadis (Hauptnerven) sind mit dem Muladhara Chakra und unzähligen anderen Nerven verbunden. Das Muladhara-Chakra ist auch der Sitz von *Chitta* (dem Reservoir des Geistes). Die Gedankenfunktionen laufen über den *Saraswati* Nadi. (Genaueres darüber findet der Leser in dem Buch des Autors: *»The Primal Power in Man or The Kundalini Shakti«, »Die Urkraft im Menschen oder die Kundalini Shakti«.*) Wenn man in einer gebeugten Haltung sitzt, kann dieser Nadi (Saraswati) nicht normal arbeiten. Darum neigt man in einer solchen Haltung zwangsläufig zu mehr üblen und schlechten Gedanken. Sitze immer aufrecht, wie angegeben, und vermeide Rückfälle und Gefahren. Mache dir einen bestimmten Sitz zu eigen und halte unbedingt daran fest. Man sollte immer in diesem einen Sitz meditieren. Zuerst möge man so lange wie möglich in diesem Asana sitzen; beginnt es aber, unbequem zu werden und fühlt man sich gestört, sollte man die Beine ein wenig bewegen. Wenn aber der Schmerz schlimmer wird und es einem unmöglich erscheint, im gleichen Asana länger zu sitzen, sollte man langsam die Stellung verändern. Dabei sollte man darauf achten, daß der Oberkörper unbewegt bleibt.

Dies sollte sehr langsam und ruhig geschehen, so daß ein anderer, selbst wenn er direkt daneben sitzt, die Bewegung nicht bemerkt. Wenn man ruhig sitzt und meditiert, greift man unbewußt das Chitta (das Reservoir des Geistes) bzw. die Kundalini Shakti an. Die Kundalini Shakti wird erhitzt und fängt an, ihre Ströme zum Gehirn zu senden. Je mehr diese Ströme nach oben gehen, um so mehr erfährt man Geisteskonzentration und wahre Seligkeit. Durch heftige Bewegungen des Körpers werden die aufwärts steigenden Kundalinströme gestört und man verliert die Konzentration. Außerdem kann es zu einem schweren Rückfall kommen. Denn wenn die Kundalinströme plötzlich vom Gehirn nach unten stürzen, ist die allererste Reaktion meistens die, daß der Mensch von einem übermäßigen sexuellen Verlangen befallen wird. Geistig Strebende, die nichts von diesen wichtigen Zusammenhängen wissen, ruinieren sich oft ihren ganzen geistigen Werdegang. Um dieser besonderen Gefahr aus dem Wege zu gehen, ist es ratsam, nach der Meditation mindestens zehn bis fünfzehn Minuten lang in der gleichen Stellung sitzen zu bleiben. Auch sollte man niemals sofort nach der Meditation essen, trinken, lesen, sich unterhalten, schlafen oder sonst etwas tun. Man sollte ruhig in seiner Stellung verharren und Körper und Geist entspannen. Wenn möglich, sollte man einen Blick zum weiten Himmel werfen und so das Gesichtsfeld des Geistes erweitern. Auf diese Weise gibt man dem Geist eine Vorstellung von der Unendlichkeit und erleichtert sich das weitere Meditieren.

Für das Üben von Mantra-Jap und für die Meditation sollte man einen guten Platz finden, der hübsch, reinlich, eben und malerisch ist. Wenn man einen stillen Platz fern vom Lärm und Getriebe der Welt finden könnte, so wäre das für das Üben sehr vorteilhaft. Hat man die Mittel dazu, sollte man sich einen Raum nur für die Meditation einrichten. Der Raum sollte gut gelüftet sein, frei von Staub, Schmutz, Fliegen und anderen störenden Dingen. In diesem Raum sollte man nicht schlafen; man sollte ihn immer sauber, rein und heilig halten. Kein Mensch mit einem anderen Temperament und Geschmack sollte den Raum betreten dürfen. Er sollte für uns ein Heiligtum sein, und wir sollten ihn nur frisch gewaschen und in sauberen Kleidern betreten. Niemals sollte man sich in diesem Raum mit häßlichen und verwerflichen Gedanken beschäftigen. Photos und Bilder von Göttern, Göttinnen, großen Heiligen und von der Ishta-Devata sollte man dort anbringen. Wenn möglich, kann man auch schöne Blumen in Blumenvasen aufstellen. Man muß versuchen, eine heilige Atmosphäre im Raum zu schaffen, und alles tun, um die Göttliche Gegenwart wirklich darin zu spüren. Anfangs ist ein wenig Vorstellungskraft dazu notwendig; doch wenn man sich eine Zeitlang genau an die gegebenen Anweisungen hält und einige Monate dort meditiert und Mantra-Jap (Wiederholung des Mantra) übt, wird der Raum tatsächlich die Schwingungen des Friedens und heiterer Ruhe ausstrahlen, und man fühlt die göttliche Gegenwart schon, wenn man ihn betritt. Diese heilige Atmosphäre hat Einfluß auf unseren Geist, hilft uns bei der Meditation und erhebt unseren Geist. Im Laufe der Zeit wird der Raum so erfüllt von den Schwingungen heiterer Ruhe und Gelassenheit, daß man sich besänftigt und getröstet fühlt, selbst wenn man ihn in einem unruhigen Gemütszustand betritt. Er gewinnt die Kraft, den Geist zur Ruhe zu bringen und so darauf einzuwirken, daß er von selbst auf höhere und edlere Dinge gelenkt wird. Dies ist es, weshalb man sagt, daß der Mensch die Tempel heiligt, und daß diese wiederum den Menschen heiligen. Denn Gedanken sind eine große Kraft, und der Glaube eines Menschen, seine Hingabe und Reinheit umgeben ihn mit einem Fluidum der Heiligkeit. Und es dauert nicht lange, so nimmt der Tempel oder der Gebetsraum diese Heiligkeit an und beginnt seinerseits, die göttlichen Schwingungen überallhin auszustrahlen.

Wenn ein Mensch denkt oder sich etwas wünscht, so bringt er Vibrationen von schwächerer oder stärkerer Intensität in Bewegung. Die Kraft einer Gedankenvibration ist je nach der Reinheit, der Ernsthaftigkeit und der Konzentration des Geistes verschieden. Der Mensch sendet ununterbrochen Gedankenvibrationen in den Äther, der voll ist von guten, schlechten, schwachen, starken, bösen und tugendhaften Gedankenschwingungen. Der Geist eines jeden Geschöpfes sendet unaufhörlich und ohne Rast und Ruh derartige Gedankenströme aus, und diese Gedankenvibrationen breiten sich wie die Lichtwellen von einer Lichtquelle nach allen Richtungen hin aus. Jeder Mensch ist von einer vibrierenden Aura umgeben. Diese Aura ist nichts anderes als das Schwingungsfeld der Gedankenvibrationen, die ein Mensch unausgesetzt aussendet. Sie erzeugt eine Atmosphäre, die ihrer Natur und Intensität entspricht. Ein reiner, keuscher und heiliger Mensch erzeugt um sich herum eine reine und heilige Atmosphäre und trägt sie mit sich, wohin er auch geht. Ein Mensch mit einem charakterlich schwachen, böswilligen und arglistigen Geist verbreitet ringsum eine üble Atmosphäre. Man trägt seine Gedankenaura, so wie sie von den inneren Wünschen und Gedanken geformt ist, immer mit sich herum. Diese Gedankenwellen eines jeden Wesens beeinflussen den Geist anderer. So sind Häuser, Plätze, Tempel und Städte durchflutet von Gedankenvibrationen, die der Art der darin lebenden Menschen entsprechen und die auch andere Menschen beeinflussen. Verschiedene Familien, Häuser, Ortschaften, Tempel und Städte haben ihre eigene charakteristische Atmosphäre. Sie haben ihre eigenen schwachen oder starken, rechtschaffenen oder lasterhaften Wunsch- und Gedankenschwingungen, die in ihnen vibrieren und von ihnen ausstrahlen. Ein Haus, in dem ein Paar ein keusches, reines und tugendhaftes Leben führt, ist immer von hellem Sonnenschein erfüllt, von einer Atmosphäre der Kameradschaftlichkeit und guten Mutes; eine solche Familie kommt voran. Häuser, in denen Mann und Frau in Streit und Mißtrauen leben, sind düster, kalt und abstoßend. Sooft man eine ehrwürdige alte Kirche, einen Tempel, eine Moschee, eine Pagode oder ein Kloster betritt, beginnen sich reine, heilige und erhebende Gedanken in uns zu regen, und eine starke Empfindung von Frieden und Seligkeit zieht in uns ein. Solche heiligen Stätten beeinflussen unwillkürlich das unstete Gemüt und bringen es, mindestens so lange man in ihnen verweilt, zur Ruhe. Dies ist die Auswirkung der Gedankenschwingungen von Millionen edler Menschen der Vergangenheit und Gegenwart, die diese Stätten besuchten, die Gott mit reiner Liebe und in tiefem Glauben verehrten und dadurch eine heitere und heilige Atmosphäre in ihnen schufen. Es ist diese Atmosphäre, die Einfluß auf die Besucher gewinnt. Die Vibration der Gedankenschwingungen bleibt an diesen

Stätten so lange erhalten, bis sie durch stärkere und andersartige Gedankenvibrationen verdrängt wird. Es war diese Vorstellung, die die verschiedenen Religionen veranlaßte, ihre Tempel heilig zu halten, und aus dem gleichen Grunde hält man auch den Meditationsraum heilig.

Wenn man einen passenden Platz gefunden hat, sollte man sich einen ordentlichen Sitz herrichten, indem man eine Matte von Kushagras auf den ebenen Boden des Raumes oder auf ein Podest legt, das einen oder einen halben Fuß (30 oder 15 cm) hoch ist. Das Podest darf nicht zu hoch sein, damit man sich nicht verletzt, wenn man einmal herunterfällt. Denn manche Sadhakas werden bewußtlos, wenn sie in Pranayama und Meditation fortgeschritten sind und in einen Trancezustand geraten, oder wenn die Kundalini Shakti zum erstenmal aufsteigt. Um dieser Gefahr aus dem Wege zu gehen, sollte der Sitz nicht höher als dreißig oder fünfzehn Zentimeter sein. Auf die Matte aus Kushagras sollte man ein Tiger-, Reh- oder Hirschfell legen und darüber ein sauberes Baumwolltuch, das das ganze Fell bedeckt. Wenn dies nicht möglich ist, kann man ein vier mal drei Fuß (1,20 m × 90 cm) großes und einen Zoll (2,5 cm) dickes Kissen auf einen Teppich legen. Das Kissen sollte dann mit einem sauberen weißen Baumwolltuch bedeckt werden. Auf diesem Sitz nimmt man mit dem Gesicht nach *Norden* oder *Osten* gewandt Platz, in einer Haltung (einem Asana), die einem leicht fällt und in der man ruhig und bequem sitzen kann. Niemals sollte man mit dem Gesicht nach Süden sitzen. Dies ist aus folgenden Gründen schädlich: Wissenschaftler haben herausgefunden, daß elektrische Ströme nordwärts und südwärts fließen, und daß zwei Magneten ihre Kraft vollkommen verlieren, wenn sie mit ihren gleichen Polen einander berühren. Legt man sie aber so, daß die ungleichen Pole beieinander sind, so behalten sie ihre Kraft auf unbegrenzte Zeit, d.h. die gleichen Pole stoßen einander ab, und die ungleichen Pole ziehen einander an. Im menschlichen Körper entspricht der Kopf dem Nordpol und die Füße dem Südpol. Und wenn nun ein Mensch immer mit dem Kopf nach Norden schläft, verliert er bald seine geistig-seelische Kraft. Aus diesem Grunde empfehlen die Hindu Shastras (die Heiligen Schriften der Hindus) dem Menschen, nicht mit dem Kopf nach Norden zu schlafen. Einem Hindu wird eingeschärft, mit seinem Kopf entweder nach Osten oder nach Süden zu schlafen. Die gleiche Regel gilt auch für den Meditationssitz (das Asana). Aber bei der Med. nicht schlafen!!

Nachdem man seinen Sitz eingenommen hat, sollte man stets gute und erhebende Gedanken aussenden und allen lebenden Wesen Wohlergehen und Frieden wünschen. Man sollte sagen: »Möchten alle Wesen allezeit friedvoll und glücklich sein«. Sende einen solchen Gedanken mit aller deiner Kraft und Aufrichtigkeit nach Norden, Süden, Osten, Westen, nach unten und nach oben. Während dieser wohlwollenden Wünsche sollte man sich in allem Ernst vorstellen, daß man die Gedanken wirklich hinaussendet, und daß die Gedankenkraft tatsächlich in die verschiedenen Richtungen hinausgeht und sich im ganzen Raum ausbreitet. Anfangs braucht man dazu ein gutes Vorstellungsvermögen; nach längerem Üben jedoch gelingt es einem, solche Gedanken mit gewaltiger Kraft hinauszuschicken. Würden alle Menschen dies am Morgen und am Abend tun, so würde sich die Welt in kurzer Zeit in einen wahren Himmel verwandeln. Darin liegt keine Übertreibung. Denn es ist eine Tatsache, daß die Menschen mit allen ihren bösen und schlechten Gedanken der Welt ununterbrochen schaden.

Auf welche Weise können denn die guten Gedanken wirksam werden und von Nutzen sein? Wie schon gesagt, ist der Äther von Gedankenvibrationen erfüllt, von guten und schlechten, starken und schwachen, wohlwollenden und böswilligen usw. Wenn man nicht denkt und keinerlei Gedanken hinausschickt, so ist es, als befände man sich in einem geschlossenen Raum und ist darum sicher vor dem Einfluß ähnlicher Gedanken, die draußen im Äther vibrieren. Sobald man jedoch gute oder böse Gedanken aussendet, öffnet man sozusagen ein bestimmtes Tor, und alle im Äther schwingenden ähnlichen guten oder bösen Gedanken finden Eingang in den Geist und beeinflussen ihn in einer Weise, die den Menschen zwingt, die gleichen Gedanken immer und immer zu wiederholen. Mit dem Aussenden unguter und böswilliger Gedanken schadet man also vielen anderen Menschen mit ähnlichen Gedanken und ruiniert sich auch selbst. Schickt man dagegen gute Gedanken des Friedens, der Liebe, des guten Willens und segnende Gedanken aus, so hilft man vielen Menschen, die ähnliche Gedanken haben; man hilft dem Universum als Ganzes, und auch der eigene Gewinn ist nicht unbeträchtlich. Dies ist die Bedeutung, die der Empfehlung zugrundeliegt, gute Gedanken in alle Richtungen hinaus ins Universum zu senden.

Nachdem man auf diese Weise gute Gedanken in die verschiedenen Richtungen hinausgeschickt hat, sollte man dreimal das Friedens-Mantra (das Shanti-Mantra) sprechen: »Om Shanti! Om Shanti!! Om Shanti!!!« Manche mögen fragen, warum »Om Shanti« dreimal gesagt werden soll. Warum nicht nur einmal? Der Grund ist folgender: Jedes Wesen hat einen Körper von dreierlei Art, einen grobmateriellen, einen feinstofflichen und einen kausalen Körper. Im Wachzustand machen wir mit Hilfe des materiellen Körpers unsere Erfahrungen. Wenn wir träumen, haben wir keine Verbindung mit dem materiellen Körper. Dann machen wir unsere Erfahrungen mit Hilfe des feinstofflichen Körpers. Wir freuen uns oder leiden je nach der Art des Traumes und mit Hilfe des subtilen Körpers. Im Zustand des Tiefschlafs jedoch haben wir weder mit dem grobmateriellen noch mit dem feinstofflichen Körper eine Verbindung. Dann genießen wir die Seligkeit des Schlafes mit Hilfe des kausalen Körpers. Daher kommt es, daß wir im Tiefschlaf sogar Krankheiten und intensive Schmerzen des materiellen Körpers vergessen.

Es ist leicht möglich, daß sich so mancherlei Störungen einstellen, wenn wir uns zum Üben von Mantra-Jap (der Wiederholung des Mantra) und zur Meditation hinsetzen. Vielleicht werden wir durch Schmerzen, Krankheit und dergl. vom physischen Körper gestört. Wenn wir zum erstenmal »Om Shanti« sagen, bitten wir Gott, unseren physischen Körper stark und gesund zu erhalten, so daß unsere Meditation in keiner Weise gestört wird. Zweitens kann es Störungen geben, die vom feinstofflichen Körper ausgehen oder von außen her kommen; es mag z.B. sein, daß uns ein Freund ruft oder irgendjemand ein lautes Geräusch macht. Mit dem Sprechen des »Om Shanti« zum zweitenmal bitten wir Gott, uns vor allen Störungen, die vom feinstofflichen Körper ausgehen oder von außen kommen, zu bewahren. Drittens können Störungen vom kausalen Körper oder vom Göttlichen ausgehen, wie schwerer Sturm, Blitz und Donner usw. Mit dem Sprechen von »Om Shanti« zum drittenmal bitten wir Gott, uns vor aller Art von Störungen zu bewahren, die vom kausalen Körper oder von kosmischen Gegebenheiten ausgehen.

Nachdem man das Friedens-Mantra (das Shanti-Mantra) dreimal gesprochen hat, sollte man seinem Guru gedanklich im Sahasrara (Scheitelpunkt des Kopfes) Verehrung darbringen. Man denke sich im Scheitelpunkt des Kopfes eine voll erblühte Lotosblume, die ihre zahlreichen Blätter ausbreitet, und auf ihr sitzend den Guru, dessen lächelndes Gesicht und heiliger Körper strahlendes Licht und Segen verbreiten. Man sollte sich dann im Geiste vor dem Guru verneigen, ihn mit Blumen, Girlanden, Sandelpaste und dergl. verehren und ihn um seinen Segen bitten, um Befreiung von Unwissenheit, um Licht und rechte Führung. Dies sollte man mit aller Aufrichtigkeit und mit vollem Gefühl (Bhava) tun. Danach wendet man sich der Ishta-Devata zu (der erwählten Gottheit oder Göttin, deren Mantra man angenommen hat), die man sich im Herzzentrum (in der Mitte der Herzgrube) auf einem voll erblühten achtblättrigen Lotos sitzend vorstellt. Nun sollte man die Gestalt des Guru in der Gestalt der Ishta-Devata aufgehen lassen und immer daran denken, daß der Guru mit der Ishta-Devata eines geworden ist, während man ihn im Geiste mit Blumen, Girlanden, Sandelpaste und dergl. verehrt. Wir sollten ihn aufrichtig bitten, alle vergangenen Sünden von uns zu nehmen, uns vor allem Bösen, vor Versuchungen und Gefahren zu bewahren, uns den rechten Weg zu führen und uns Frieden und Kraft des Geistes, einen guten

Charakter, Weisheit und Erleuchtung zu schenken. Man sollte nur ernsthaft und in tiefem Glauben beten, ohne Scheinheiligkeit und ohne Falsch. Echte und aufrichtige Gebete werden erhört, und sie haben auch großen geistigen Wert. Nach der Verehrung der Ishta-Devata sollte man ebenso der Mutter Kundalini Shakti im Muladhara-Chakra mit Blumen, Girlanden, Sandelpaste usw. Verehrung darbringen. Man sollte sich eine vierblättrige voll erblühte Lotosblume dort vorstellen, wo sich After und Harnröhre treffen, und denken, daß auf ihr die Mutter des Universums steht, die Allmächtige, Schöne, Beglückende, der Inbegriff von Wohlhabenheit, Erfolg, Weisheit und Gelehrsamkeit, mit einem strahlenden Körper, lächelnd und segnend. Nachdem man die Mutter um Hilfe, Führung und Schutz gebeten hat, sollte man die Mutter Shakti mit folgenden Worten wecken: »Wach auf, Mutter! Erhebe dich, Mutter! Und komme augenblicklich ans Ziel.« Hat man diese Worte gesprochen, sollte man dem Muladhara-Chakra mit dem Geist und der Kraft des Willens einen Stoß geben und sich vorstellen, daß die Mutter Shakti völlig aufgestiegen ist. Dann sollte man mit dem Geist dem Weg vom Muladhara-Chakra durch den Sushumna-Nadi bis Sahasrara folgen und fest daran glauben, daß die Kundalini Shakti völlig vom Muladhara-Chakra aufgestiegen ist und sich mit Shiva (dem Herrn) in Sahasrara vereinigt hat. Darauf sollte man das Mantra »Om Ram« (ॐ रं) sprechen und sich dabei vorstellen, daß man von einem Feuerkreis umgeben ist, der vor Störungen aller Art sowohl durch Devas (Götter) als auch durch böse Geister bewahrt. Und nun ist es so weit, daß man mit seinem Mantra-Jap (der Wiederholung des Mantra) und mit der Meditation beginnt.

7. *Das Maha Bija Mantra bzw. das einsilbige Wort »OM«*

Das Wort »OM« (ॐ) wird das Maha Bija Mantra genannt. »Maha« bedeutet sehr groß, und »Bija Mantra« bezeichnet den Urgrund oder Ursprung des Mantra. »OM« ist also der große Urquell sämtlicher Mantras. Alle vedischen Mantras beginnen mit »OM«. »OM« ist das erste und letzte Wort jeder religiösen Handlung. Alle Hymnen beginnen mit »OM«. Alle Opferriten, jede Abhandlung über die Heiligen Schriften, alle Upanishaden und sämtliche Bücher über Religion beginnen mit »OM«. »OM« ist der eigentliche Grundgehalt aller Veden. Es ist das Symbol für die Veden. Das Universum hat seinen Ursprung im »OM«, es lebt im »OM« und löst sich schließlich in »OM« auf. »OM« wird auch Shabda-Brahman (Brahman als Laut), Taraka Mantra oder Pranava (das Mantra, welches das Prana [den Atem] und alles Leben durchdringt) genannt. Das »OM« (AUM) umfaßt drei Buchstaben, das A, das U und das M. Das »A« ist ein Kehllaut und der Ausgangspunkt eines Lautes. Das »U« rollt im Mund von hinten nach vorne. Das »M« ist ein labialer und nasaler Laut (ein Lippen- und Nasenlaut) und entsteht vorne im Mund. Damit begreift das »OM« alle Laute in sich. Es kann keinen Laut ohne »OM« geben. Und so liegt »OM« allen Lauten und damit auch allen Worten zugrunde.

Laßt uns nun sehen, wie man zu dem Wort »OM« gekommen ist. »OM« ist keine phantastische Schöpfung oder die Erfindung irgendeiner Sekte. Es ist der kosmische Laut, den der Geist eines Yogi (ein höchst reiner, feiner und konzentrierter Geist) hört. Brahman (das höchste Sein) und Seine Schöpferische Kraft sind identisch. Sie sind wie die obere und untere Seite der gleichen Münze. Darum sind sie ihrem Wesen nach eines und nicht voneinander zu trennen. Brahman kann von Seiner Shakti nicht unterschieden und nicht als getrennt von Seiner Shakti (der Prakriti Shakti) gedacht werden. Obgleich Brahman und Seine Shakti identisch sind, scheinen sie doch innerhalb der Schöpfung auseinanderzugehen und verschieden zu sein. Es ist die Prakriti Shakti (die Kraft Gottes), die sich zu Geist und Materie und zum sichtbaren Universum entfaltet. Die Prakriti umfaßt drei Gunas: Sattva, Rajas und Tamas. Diese Gunas sind sowohl die Eigenschaften als auch die Substanz der Prakriti Shakti und die Ursache der Schöpfung. Es gibt kein einziges erschaffenes Ding, das ohne diese Gunas wäre. Sie sind die eigentliche Ursache der erkennbaren Eigenarten und Unterschiede zwischen Mensch und Mensch, zwischen einem Mann und einer Frau, zwischen einem Heiligen und einem Sünder usw. Während der Involution (der »Einfaltung« im Gegensatz zur Evolution, der »Entfaltung«) sind die drei Gunas im Gleichgewicht. Solange das Gleichgewicht vollkommen bleibt, kann es keinen Schöpfungsprozeß geben, und die Prakriti Shakti verharrt im Zustand der Bewegungslosigkeit. Dies dauert jedoch nicht lange. Denn die Gunas wirken aufeinander ein, geraten in Bewegung und verlieren ihr Gleichgewicht. Mit dieser Bewegung beginnt das schöpferische Geschehen. Wenn der Wille Gottes (die Iccha Shakti) in den schöpferischen Prozeß eintritt, wird diese Stufe bzw. dieser Abschnitt des schöpferischen Prozesses Nada genannt. Nada heißt Laut. Geraten die drei Gunas in Bewegung, erzeugen sie einen Laut. Dieser Laut ist kein grober (entfalteter) Laut, wie er vom gewöhnlichen Menschen gehört wird. Es ist der höchst subtile Aspekt bzw. der Anfangspunkt eines Lautes, wie er vom Geist eines Yogi wahrgenommen wird. In dieser Phase eines Lautes (Nada genannt) bleiben Bedeutung, geistiger Begriff und die Einzelheiten als Essenz in ihrer noch ungeoffenbarten Form. Nada ist also die erste schöpferische Phase einer sich entfaltenden Silbe, eines Wortes oder eines Satzes. Wenn Nada sich entfaltet, d.h. wenn der Wille Gottes zur Schöpfungsabsicht wird, spricht man von Bindu. Bindu wird auch Shabda-Brahman (Brahman als der alldurchdringende Laut [Shabda] oder das schöpferische Brahman) genannt. Shabda-Brahman ist die Quelle aller manifestierten Laute, Bedeutungen und geistigen Begriffe. Shabda-Brahman ist der kausale (ursächliche) Zustand aller manifestierten Laute und die alldurchdringende, undifferenzierte Kraft, während ein Mantra seine besondere Manifestation ist. Aus Shabda-Brahman geht das gesamte Universum mit allen seinen Wesen hervor. Der Laut der schöpferischen Bewegung Shabda-Brahmans ist das Wort »OM«. Aus dieser einen Silbe gehen all die verschiedenen Laute hervor, und zwar sowohl die Buchstabenlaute mit Bedeutung als auch die ungeformten Laute ohne Bedeutung. Om ist der Ausgangspunkt aller Laute. Dieser eine Laut ist Ausdruck und Inbegriff der Gesamtheit des Universums. Aus diesem einen Laut gehen alle Buchstaben und

Laute hervor. »Om« ist ewig; an diesem Laut gibt es keine Veränderung. »Om« ist der allem gemeinsame und universale Laut, und als solcher ist er auch all den verschiedenen Sprachen der Welt gemeinsam.

Die Worte »Om«, »Hum«, »Aum«, »Amen«, »Ahmeen« haben die gleiche Bedeutung. Es kann kein Wort und keinen Laut geben ohne »Om«. Wenn wir genau achtgeben und hinhören, werden wir bemerken, daß alle Laute und Worte mit »Om« beginnen und mit »Om« aufhören. Das Tosen der See, das Plätschern eines Wasserfalles, das Murmeln eines schnell dahinfließenden Stromes, das Summen der Bienen, das Brummen eines Käfers oder einer Wespe, das Brüllen eines Löwen, das Schreien eines Esels, das Gebrüll eines Stieres, das Bellen eines Hundes, das Blasen des Muschelhornes, das anhaltende Klingen einer Glocke, das Schlagen einer Trommel, das lange Pfeifen einer Lokomotive, das Schreien eines Kindes, das laute Rufen eines Menschen und alle anderen Laute verschiedenster Art sind deutlich Ausdruck des Lautes »Om« bzw. Omkara. »Om« ist darum ein universaler Laut, und kein Wort kann gesprochen und kein Ton hervorgebracht werden, ohne daß man zuerst diesen heiligen Laut erzeugt.

Mit seinen drei Buchstaben (AUM) ist das Wort »Om« ein Symbol für die Dreieinigkeit. Damit umfaßt »Om« Brahma, den Schöpfer und seine schöpferische Kraft; Vishnu, den Erhalter und seine erhaltende Macht; und Shiva, den Zerstörer und seine zerstörende Kraft. Es umfaßt 'Sat-Chit-Ananda' (Absolutes Sein, Absolutes Wissen und Absolute Seligkeit). Es ist ein Symbol für Saraswati (die Gottheit der Gelehrsamkeit), Lakshmi (die Gottheit der Wohlhabenheit) und Durga (die Mutter des

x) Vater – Sohn – Hl. Geist
(Mutter!)
Schöpfer Erhalter Bewahrer Umwandler

Universums). »Om« steht für Zeit, Raum und Endlichkeit; Vergangenheit, Gegenwart und Zukunft; Geburt, Wachstum und Tod; Anfang, Mitte und Ende; die drei Welten (Himmel, Erde und Hölle); die drei Veden (Rig, Yajur und Sama); und auch für Selbst, Geist und Materie; für den Wachzustand, den Traumzustand und den Tiefschlafzustand; und für die physische, geistige und astrale Ebene. In seiner Ungeteiltheit bezeichnet es den Bewußtseinszustand Turiya (den vierten Seinszustand). So ist also »Om« das treffendste Symbol und die exakteste Bezeichnung für das Höchste Sein (für Brahman). Es steht für all die verschiedenen Symbole Gottes in den vielen Religionen. Wenn es *ein* universales Mantra gibt, das das Höchste Wesen mit allen seinen vielfältigen Kräften und Wirksamkeiten zum Ausdruck bringt, und das alle verschiedenen Glaubensbekenntnisse, Lehren, Dogmen und religiösen Sekten umfassen und ihnen gerecht werden kann, so ist es das Maha Bija Mantra »OM«. Dies Mantra kann allen von großem Nutzen sein. Es ist kein Name für irgendeinen besonderen Gott oder eine spezielle Göttin; es ist tatsächlich der Inbegriff aller Götter und Göttinnen, aller Heiligen und aller Religionen. Darum sollte keine Sekte, keine Lehre und keine Religion auf »Om« verzichten. Es ungenutzt zu lassen, wäre nur ein Zeichen von Unwissenheit in geistigen Dingen.

8. *Das Geheimnis von Mantra-Jap (der Wiederholung des Mantra)*

Der Geist ist etwas sehr Subtiles. Er hat weder eine eigene Farbe noch Form, nimmt aber die Farbe und Form des Gegenstandes an, an den wir denken. Ein Wunsch läßt einen Gedanken aufkommen, und ein Gedanke wiederum wird zur Tat. Wir sind, was unsere früheren Wünsche, Gedanken und Taten aus uns gemacht haben. Was wir in der Vergangenheit in Form von Wünschen, Gedanken und Taten gesät haben, das ernten wir jetzt. Jeder Ursache folgt ihre Wirkung, und jedes Tun trägt seine Früchte. Dies kann nicht vermieden werden. Was wir Schicksal nennen, ist nichts anderes als die Auswirkung dessen, was sich als Folge früherer Wünsche, Gedanken und Handlungen angesammelt hat. Wir selbst sind verantwortlich für unser gegenwärtiges Glück oder Unglück, unseren Erfolg oder Mißerfolg.

Bei einem gewöhnlichen Sterblichen arbeitet der Geist von drei Ebenen aus, von der bewußten, der unterbewußten und von der unbewußten Ebene, während der Geist eines Menschen, der Nirvikalpa Samadhi erreicht hat, von der überbewußten Ebene aus arbeitet. Die vorherrschenden Wünsche und Gedanken, d.h. jene Wünsche und Gedanken, die man gern hat, zu denen man sich am meisten hingezogen fühlt, und die einem im Laufe des Tages ständig in den Sinn kommen, liegen auf der bewußten Ebene des Geistes. Unwichtige Wünsche und Gedanken verharren eine Zeitlang auf der unterbewußten Ebene; werden sie jedoch nicht ins Gedächtnis zurückgerufen, so sinken sie auf die unbewußte Ebene hinab. Wenn man sich einer früheren Begebenheit, eines Vorfalls, eines Wunsches, Gedankens usw. erinnert, so kommen Dinge, die einem ohne tiefes Nachdenken einfallen, von der bewußten Ebene des Geistes, und alle jene, die etwas tieferes Nachdenken erfordern, von der unterbewußten Ebene. Es gibt auch andere frühere Ereignisse und Begebenheiten, die einem nicht einfallen, selbst wenn man sich stunden- und tagelang bemüht, sie ins Gedächtnis zurückzurufen. Dennoch sind solche früheren Wünsche, Gedanken und Handlungen nicht für immer vergessen; sie sinken lediglich auf die unbewußte Ebene des Geistes hinab und verweilen dort in ihrem kausalen Zustand im Geist-Reservoir (Chitta).* So liegt also auf der unbewußten Ebene unseres Geistes ein unermeßlicher und der weitaus größere Teil unserer Erfahrungen (und zwar nicht nur die unseres jetzigen Lebens, sondern auch die aus früheren Inkarnationen). Wir nennen diese Ebene die unbewußte Ebene, weil ein gewöhnlicher Sterblicher sich dieses unermeßlichen Reichtums an Wissen nicht bewußt ist. Nur ein Yogi, der Nirvikalpa

* Bei einem gewöhnlichen Sterblichen befinden sich alle drei Ebenen (die bewußte, unterbewußte und unbewußte Ebene) im Chitta im Muladhara Chakra. Chitta ist die Speicherungsanlage für sämtliche Eindrücke. Im Gehirnzentrum sind nicht mehr als nur einige neue Gedankenvibrationen, und im Herzzentrum sind Gedankenvibrationen, die etwas älter sind. Oft fängt der Geist diese Schwingungen auf und erzeugt den Gedanken. Doch bleiben die Eindrücke des Gedankens immer im Chitta erhalten, und der Geist muß stets Beziehung zum Chitta aufnehmen, um früheres Wissen hervorzuholen.

Samadhi erreicht hat, kommt in den Besitz dieses unermeßlichen Wissens auf der unbewußten Ebene des Geistes. Für ihn gibt es keine unbewußte Ebene. Da er von der überbewußten Ebene aus arbeitet, hat er leicht Zugang zu der ganzen Fülle des Wissens.

Charakter ist nichts anderes als ein Bündel von Gewohnheiten. Wiederholt man einen Wunsch, einen Gedanken oder eine Handlung sehr oft, werden sie zur Gewohnheit. So sind es sehr viele Gewohnheiten, die den Menschen formen. Im Laufe unserer täglichen Arbeiten vermitteln wir dem Geist ungezählte Eindrücke in Form von Wünschen, Gedanken und Handlungen. Wenn uns irgendetwas besonders gefällt, wenn wir es lieben und an ihm hängen, so vermitteln wir dem Geist einen sehr starken Eindruck von diesem Gegenstand. Der Geist beginnt dann, sich ständig mit diesen Wünschen und Gedanken zu beschäftigen. Mit anderen Worten, der Geist nimmt die Form und Farbe dieses Gegenstandes an. Auch wenn wir eine tiefe Abneigung gegen irgendetwas haben, wenn wir uns davor fürchten oder uns davon freimachen möchten, vermitteln wir dem Geist einen starken Eindruck davon. Ist unsere Zuneigung oder Abneigung nur gering, so geben wir dem Geist nur einen schwachen Eindruck. Wenn wir aber weder Zuneigung noch Abneigung hegen und von den Wünschen, Gedanken oder Handlungen unberührt bleiben, so geben wir dem Geist nur einen unbestimmten Eindruck.

Yoga bedeutet *Chitta-Vritti-Nirodha* (Befreiung des Chitta von allen Eindrücken). Wenn alle Wünsche jeglicher Art verschwinden, und wenn die verschiedenen Sinne und der Geist ruhig, still und gelassen sind, erreicht man das Yoga-Stadium. Was Wellen und Wogen für die stille Wasseroberfläche des Meeres sind, das sind Wünsche und Gedanken für die Ruhe und Klarheit des Geistes. Die Wünsche sind es, die den Geist hellwach halten, und Wünsche sind es auch, die seine Kräfte zersplittern. Wie schon gesagt, befinden sich auf der bewußten, der unterbewußten und unbewußten Ebene des Geistes unzählbare Wünsche. Nur wenn alle diese schwelenden, verborgenen und unterdrückten Wünsche aufgegeben und ausgelöscht werden, kann der Geist zu Reinheit, Klarheit und Konzentration gelangen. Dieses Freimachen von Wünschen ist eine mühselige Aufgabe. Es ist nicht in einem Tage getan. Für viele ist es ein lebenslanges Bemühen. Doch kommt man nicht darum herum, es irgendwann einmal in Angriff zu nehmen, ob früher oder später, entweder in diesem oder in späteren Leben. Ohne vollkommene Beherrschung und Überwindung der Wünsche kann man weder hier noch in weiteren Leben wirklichen Frieden erwarten.

Der leichteste und zugleich auch der wirksamste Weg, den Geist rein, klar und konzentriert zu machen, ist *Mantra-Jap* (die ständige Wiederholung des Mantra). Die vielerlei Wünsche und Gedanken sollte man dazu bringen, dem einen, für unseren Entfaltungsweg ausschlaggebenden Wunsch und Gedanken Platz zu machen. Das Mantra ist es, von dem der Geist Tag und Nacht erfüllt sein sollte. Beim Essen, Trinken, Gehen und selbst im Schlaf sollte man das Mantra in Gedanken unaufhörlich wiederholen. Man sollte das Mantra beim Ein- und Ausatmen und bei jedem Herzschlag mitschwingen lassen. Wenn man dies durchführt, kann man den Geist leicht kontrollieren, und alle die vielgestaltigen Wünsche verschwinden von selbst. Je öfter man das Mantra wiederholt, umso mehr Nutzen hat man davon und umso mehr kommt man geistig voran. Jedesmal, wenn man das Mantra spricht, gibt man der bewußten, unterbewußten und unbewußten Ebene des Geistes von neuem einen guten Eindruck. Und durch diesen Prozeß werden Geist und auch Chitta (Reservoir des Geistes) langsam aber sicher eine Wandlung zum Besseren erfahren. Der Geist wird völlig von der Bedeutung und der Form des Mantra ausgefüllt. In jedem Mantra liegt eine gewaltige Kraft. Zwischen dem Mantra und der Mantra Devata (dem Gott oder der Göttin des Mantra) ist kein Unterschied. Mit der Wiederholung des Mantra kommt auch die Kraft des Mantra (die Mantra Shakti) zur Wirkung. Und so strömt bei einer ständigen Wiederholung des Mantra die Kraft des Mantra in Geist und Körper des Übenden ein. Mantra-Jap reinigt den Körper, die Nadis (die Nerven) und den Geist. Diese dreifache Reinigung erleichtert das Aufsteigen der Kundalini Shakti von Muladhara zu Sahasrara, und damit ist der Weg zur Befreiung geebnet.

Wenn wir übrigens unserem Gedächtnis ein Wort, einen Satz, ein Gedicht oder irgendeine Schriftstelle einprägen wollen, so tun wir Folgendes: wir wiederholen dasselbe Wort oder den gleichen Satz sehr oft und denken immer wieder daran. Dadurch rufen wir in Geist und Chitta einen starken Eindruck hervor. Wenn wir an einem bestimmten Tage etwas Wichtiges zu erledigen haben, so prägen wir uns das Datum wieder und wieder ein und vermitteln damit dem Geist und dem Chitta einen starken Eindruck vom Datum und von dem, was wir zu tun haben. Dieser starke Eindruck ermöglicht es uns, das Datum und unser Vorhaben nicht zu vergessen. Ähnlich wirkt die ständige und in tiefem Glauben und mit starkem

Gefühl ausgeführte Wiederholung des Mantra in wunderbarer Weise auf den Geist ein, und es dauert nicht lange, so wandelt er sich und gelangt zu Reinheit, Subtilität und Konzentration. Kurz gesagt, man erreicht Yoga und wird zum Yogi.

Ein Mantra ist der spezielle Name der Gottheit (der Ishta-Devata), die man gewählt hat, d.h. des Gottes oder der Göttin, die man am meisten schätzt, liebt und verehrt. Zweifellos ist Gott nur Einer. Er ist Unpersönlich und Unendlich. Doch offenbart Er Sich unter vielerlei Namen und in unendlicher Vielgestaltigkeit entsprechend dem Geschmack und den Neigungen derer, die Ihn anbeten und verehren. Zur Hingabe neigende Menschen verehren Gott gern in Gestalt bestimmter Götter und Göttinnen. Im übrigen gibt es sehr viele kosmische Energien, die als Götter und Göttinnen unter dem höchsten Willen Gottes wirksam sind. Wie ein Monarch in der materiellen Welt viele Minister und Verwalter hat, die ihm helfen, die Regierungsgeschäfte zu erledigen, so gibt es auch viele kosmische Energien, die das Universum regieren, und die man Devatas (Götter und Göttinnen) nennt. Oft haben die Menschen eine Vorliebe für eine dieser Gottheiten und nehmen sie an als ihre Ishta-Devata (als erwählte Gottheit). Der Name dieser gewählten Gottheit wird zum Ishta-Mantra. Meistens werden dies Mantra und die Ishta-Devata vom Guru (dem geistigen Lehrer) entsprechend dem Geschmack, der Neigung und der geistigen Reife des Schülers ausgewählt, und unter der Anleitung des Guru verehrt nun der Schüler in tiefem Glauben und mit voller Hingabe die Gottheit und wiederholt das Mantra, d.h. er übt sich täglich in Mantra-Jap. Da in jedem Mantra eine gewaltige

Kraft (Mantra Shakti) liegt, hilft es dem Menschen zu seiner Befreiung, wenn er es in rechter Weise anwendet; und es bewirkt das Gegenteil, wenn es zu Bösem verwandt wird. Es ist wie eine scharfe Rasierklinge. Handhabt man sie vorsichtig, so hilft sie einem, sich sauber zu rasieren; geht man jedoch ungeschickt und unvorsichtig mit ihr um, so schneidet man sich und kann sich damit sogar umbringen. Zwischen Gott und Seinem Namen gibt es keinen Unterschied. Durch beständiges Denken an Gott und Seine Macht und Herrlichkeit und durch eine ununterbrochene Wiederholung Seines Namens (des Mantra) nimmt der Geist eine göttliche Form an und erfährt eine ständige Wandlung, indem er unendliche Kraft, Reinheit und die Eigenschaften der Mantra-Devata (der Gottheit des Mantra) entwickelt. Dies erklärt, weshalb man sagt, daß der Kenner Brahmans selbst zu Brahman wird. Wenn der Geist rein und heilig wird, so beginnt er von selbst, in Brahman (im höchsten Sein oder in Gott) zu leben und eines mit Ihm zu werden. Mantra-Jap ist darum eine der einfachsten, zuverlässigsten, exaktesten, wirksamsten und ungefährlichsten Methoden, den Geist in seiner Gesamtheit zusammen mit dem Chitta zu läutern, um durch die gewonnene Subtilität zur Konzentration zu gelangen und schließlich mit dem Erreichen von Samadhi Befreiung zu finden.

9. *Wie man Mantra-Jap übt*

Im allgemeinen wählt der Guru (der geistige Lehrer) das Mantra für den Schüler entsprechend dessen Geschmack, Neigung und geistiger Reife aus. Nicht alle und jeder sollte meinen, Guru zu sein und das Mantra für seine Schüler auswählen zu können. Nur ein gottverwirklichter Mensch, d.h. ein Mensch, der Samadhi erreicht hat, kann wissen, welches das rechte Ishta-Mantra für den Schüler ist, und nur er kann ihm die Einweihung erteilen. Eine solche Einweihung ist von großer geistiger Bedeutung; der Schüler erhält mit dem Mantra-Diksha (mit der Einweihung) einen richtigen Stoß aufwärts. *Mananat Trayate Iti Mantrah*, d.h.: das, was den Menschen durch ständiges Darandenken beschützt und aus dem Kreislauf von Geburt, Wachstum, Verfall und Tod (von dem Rad des Samsara) befreit, wird Mantra genannt. So sagen die Heiligen Schriften.

Hat man einmal ein Mantra angenommen, so sollte man unter allen Umständen daran festhalten. Niemals sollte man es aufgeben, bis man das Ziel erreicht hat. In die Worte seines Guru und in das Mantra sollte man unendliches Vertrauen haben. Glaube ist die unerläßliche Voraussetzung für den Erfolg. Wirklicher Glaube kann Wunder wirken. Wenn man sich einmal zu einem Guru und einem Mantra entschlossen hat, sollte man alle

Zweifel aufgeben. Es wäre besser, sich eine Kugel durchs Herz zu schießen, als irgendeinem Zweifel Raum zu geben.* Denn ein zweifelnder Mensch wird niemals sein Ziel erreichen, da er geistig nicht weiterkommen kann. Ein zweifelnder Mensch kann sich nicht mit ganzer Hingabe einsetzen und kann keinen inneren Frieden haben. Mantra-Jap (die Wiederholung des Mantra) muß mit reinem Herzen und ernster Absicht, in festem Glauben (*Shraddha*) und mit Liebe (*Prem*) und Gefühl geübt werden. Die ständige Wiederholung des bei der Einweihung empfangenen Mantra wird Mantra-Jap genannt. Es kann in zweierlei Art geübt werden; entweder verbindet man Jap mit Dhyana (mit der Meditation), oder man wiederholt nur das Mantra. Gelangt der Geist zur Konzentration, hört das Mantra von selbst auf, und der Geist beginnt, sich ganz mit der Bedeutung des Mantra zu erfüllen. Das Ishta-Mantra und seine subtile Form sind immer miteinander verbunden. Doch kann man dies im Anfangsstadium nicht wahrnehmen, weil der Geist noch unruhig und unstet ist. Darum sollte man anfangs das Mantra sehr oft wiederholen. Man sollte sich über das Umherschweifen des Geistes nicht aufregen, sondern regelmäßig und systematisch arbeiten. Man muß unendliche Geduld und Ausdauer haben und sollte niemals enttäuscht sein, wenn kein deutlicher Wandel im Geist erkennbar wird. Eine Wandlung ist da und wird immer da sein; sie ist nur sehr subtil und kann nicht ohne weiteres wahrgenommen werden. Denn Mantra-Jap macht harmo-

* Dies ist nach des Verfassers eigener Aussage nicht wörtlich gemeint; es soll nur eindrücklich deutlich machen, wie sehr hinderlich Zweifel auf dem geistigen Wege sind. d. Übers.

nisch und befreit den Geist langsam aber sicher von allen seinen Unreinheiten. Es führt den Menschen im Laufe der Zeit mit Sicherheit zu Samadhi und erfüllt ihn mit Frieden und Seligkeit. Doch läßt sich eine solche Vollendung nicht in wenigen Monaten verwirklichen. Um dies höchste Ziel des Lebens zu erreichen, bedarf es jahrelanger regelmäßiger und systematischer Arbeit.

Während man Mantra-Jap übt, sollte man sich ständig die Bedeutung des Mantra vergegenwärtigen und mit Beharrlichkeit denken, daß Gott tatsächlich im Herzzentrum gegenwärtig ist. Auch sollte man grenzenloses Vertrauen in die Kraft und Wirksamkeit des Mantra und seiner Ishta-Devata haben. Man sollte glauben, daß Gott, der Formlose, Alldurchdringende, Unendliche, der Eines ist ohne ein Zweites, die Gestalt der Ishta-Devata angenommen hat, und daß Er das eigene innerste Selbst, das Atman, ist. In dieser Weise sollte man das Mantra ständig und unaufhörlich wiederholen und darin Zuflucht suchen. Immer sollte es mit Gefühl gesprochen werden. Im Schlagen des Herzens sollte es mitschwingen. Wenn man dies eine Zeitlang regelmäßig übt, vermag man die Göttliche Gegenwart, die Göttliche Herrlichkeit und das Göttliche Bewußtsein tatsächlich zu fühlen. Denn durch die ständige Wiederholung des Mantra werden die ungezügelten Gedanken in Schranken gehalten, der Geist beschränkt sich auf das Wesentliche, und es werden neue Eindrücke (*Samskaras*) geschaffen, die immer kraftvoller werden, während die alten verblassen.

Man sollte das Mantra mit großer Inbrunst sprechen. Alle anderen Gedanken sollte man aus dem Geist vertreiben, und die Welt und sogar den eigenen Körper sollte man vergessen und ihn überhaupt nicht mehr fühlen. Ein

Mantra ist eine göttliche Kraft und nimmt die Form von Lobpreisungen und flehentlichen Bitten an die Gottheit um Hilfe und Schutz an. Darum ist grenzenloses Vertrauen in das Mantra und seine Devata unerläßlich. Auch sollte man es täglich regelmäßig und systematisch üben.

Das Mantra kann auf dreierlei Weise gesprochen werden; man kann es geistig sprechen (als *Manasika*); es kann labial gesprochen werden, d.h. man summt oder murmelt das Mantra (dann heißt es *Upamsu*); oder man spricht es laut und hörbar (*Vaikhari*). Die geistige Wiederholung des Mantra (Manasika-Jap) geht vom Herz-Zentrum aus. Das Mantra wird im Herz-Zentrum gesprochen, und niemand als der Übende weiß darum. Manasika-Jap ist die höchste Form der Wiederholung des Mantra. Sie ist am wirksamsten; doch findet ein Anfänger sie oft sehr schwierig. Einem geistig fortgeschrittenen Menschen jedoch fällt es leicht, Manasika-Jap zu üben. Beim Upamsu-Jap flüstert man das Mantra. Wenn jemand in der Nähe ist, kann er das Flüstern hören und sehen, wie sich die Lippen des Flüsternden bewegen. Diese Art der Wiederholung des Mantra ist besser als das Vaikhari-Jap, bei dem das Mantra laut gesprochen wird, so daß es für jeden hörbar ist. Für einen Anfänger auf dem geistigen Weg ist es leichter, mit dieser dritten Art des Übens anzufangen, und dann zu Upamsu und Manasika überzugehen.

Niemals sollte man es eilig haben, wenn man Mantra-Jap übt. Das Mantra muß immer sehr deutlich ausgesprochen werden. Es sollte weder zu schnell noch zu langsam wiederholt werden. Man darf es niemals weder nachlässig noch unaufmerksam und ohne Glauben (*Shraddha*) sprechen. Es sollte immer in tiefem Glauben, mit Aufmerksamkeit und mit reinem Körper und Geist geübt werden. Bevor man beginnt, sollte man Füße, Hände und Gesicht waschen und den Mund spülen. Beim Üben sollte man stets aufrecht sitzen (in dem Sitz [dem Asana], zu dem man sich entschlossen hat), und niemals gähnen oder den Körper bewegen. In dieser unbewegten Haltung sollte man so viel wie möglich sitzen. Dies macht den Geist aktiv und hält Schlaf und Müdigkeit fern. Außer der Wiederholung des Mantra in sitzender Haltung sollte man das Mantra zu seinem ständigen und niemals fehlenden Begleiter machen. Man sollte es immer wiederholen und Geist und Herz mit seiner Schwingung erfüllen. Wohin man auch geht und was man auch tut, man sollte es währenddessen immer wiederholen. Man sollte immer wachsam sein und das Mantra durch die Adern und Nerven vibrieren lassen.

Manchen Sadhakas (geistig Strebenden) ist es lästig, für das Zählen der Mantras einen Rosenkranz (Jap-Mala) zu benutzen. Sie finden es schwierig, das Mantra zu sprechen, die Perlen zu zählen und zu gleicher Zeit den Geist auf die Gestalt der Ishta-Devata zu konzentrieren. Am Anfang ist dies ohne Zweifel schwierig. Bringt man jedoch etwas Geduld auf und übt es eine Zeitlang, so wird es einem leicht und man findet Gefallen daran. Im allgemeinen wird vielen Menschen das Wiederholen des Mantra mit der Zeit eintönig. Die Lippen bewegen sich automatisch beim Sprechen des Mantra, doch der Geist wandert je nach dem Interesse hierhin oder dorthin. Manchmal werden die Menschen bei der Wiederholung des Mantra müde und schlafen ein. Während einer Periode der Aktivität haben sie dann wiederum Interesse daran, lange Mantra-Jap zu üben; aber während der

Reaktionszeiten mögen sie nicht einmal zehn Minuten lang sitzen. Sie finden Jap und Meditation langweilig. In einer solchen Zeit der Reaktion geben viele Menschen ihre spirituellen Bemühungen (Sadhana) auf, und was sie erreicht hatten, geht wieder verloren. Solche Menschen können geistig nicht weiterkommen. Die unternommene Arbeit muß regelmäßig und systematisch weitergeführt werden. Die Zahl der Wiederholungen sollte je nach Vermögen und eigenem Ermessen festgesetzt werden. Die Wiederholung des Mantra mit Rosenkranz hilft einem, den Geist wach zu halten und ihn beständig mit dem Mantra, mit dessen Bedeutung und mit dem Zählen zu beschäftigen; dadurch geht man den oben erwähnten Gefahren aus dem Wege. Beim Üben von Mantra-Jap mit Rosenkranz bekommt man ein genaues Gefühl für die Zeit, die man für gewöhnlich braucht, so daß man die Uhr entbehren kann. Das gleiche gilt auch für das Asana (die Zeit des Sitzens). Der unruhige Geist wird zurückgehalten und an Zucht und Ordnung gewöhnt, und die Möglichkeit, Jap in Hast und Eile je nach den Launen und Einfällen des Geistes zu üben, ist ausgeschaltet.

Eine Jap-Mala (ein Rosenkranz) enthält hundertundacht Perlen. Sie können aus *Rudraksha*, aus geschnittenen und polierten Stücken der Wurzel der *Tulsi*-Pflanze oder aus Glas oder Sandel-Holz sein. Beim Zählen der Perlen passiert es oft, daß man sich versieht und zwei Perlen als eine zählt. Um einen Spielraum für solche und ähnliche Fehler zu haben, sind acht Extra-Perlen vorgesehen. Wenn man also den vollen Rosenkranz von einhundertundacht Perlen auszählt, so hat man das Mantra in Wirklichkeit nur hundertmal wiederholt. Wo die beiden Enden des Rosenkranzes zusammengeknotet sind, findet man im allgemeinen eine größere Perle angebracht. Diese wird *Meru* genannt und als Sitz der Mantra-Devata gedacht. Man sollte mit dem Zählen bei der ersten Perle nach Meru beginnen und rechtslaufend weiterzählen; und wenn man den Kreis vollendet hat und wiederum Meru erreicht, geht man nicht darüber hinweg, sondern zählt linkslaufend weiter, bzw. man dreht die Kette um und zählt rechtslaufend weiter, was auf das gleiche hinausläuft. Der Rosenkranz sollte immer mit dem Ringfinger gehalten werden, und mit dem Daumen und dem Mittelfinger sollte man zählen und den Rosenkranz weiterschieben. Den Zeigefinger sollte man überhaupt nicht benutzen. Die Zahl der Malas (der durchgegangenen Ketten) sollte man mit der linken Hand festhalten. Wenn man einmal die Kette durchgegangen ist, legt man den Daumen der linken Hand auf die Spitze des linken kleinen Fingers, und indem man jeden Finger in fünf Teile teilt, führt man den Daumen von Teil zu Teil und von Finger zu Finger. Jeder Finger zeigt dann einen fünfmaligen Durchgang der Kette, und also fünfhundert Wiederholungen des Mantra an, bzw. fünfhundert Japs. Nach einer anderen Methode tut man die erforderliche Menge von Münzen oder Steinchen auf einen Haufen und legt nach jedem Durchgang der Kette (des Mala) ein Steinchen oder eine Münze beiseite, bis der Haufen abgetragen ist.

Es gibt auch noch eine andere Art, die Mantra-Japs zu zählen. Lege den Daumen der rechten Hand auf den mittleren fleischigen Teil des Mittelfingers. Zähle hier »eins« entweder zu Beginn oder nach dem Sprechen des ersten Mantra-Jap. Beim zweiten Jap (2) lege den Daumen auf den unteren fleischigen Teil des gleichen Fingers. Danach lege den Daumen auf den unteren fleischigen Teil des kleinen Fingers(3), dann auf den mittleren Teil (4) und schließlich auf die Spitze (5). Nun berühre die Spitze des Ringfingers (6), des Mittelfingers (7) und Zeigefingers (8), und zuletzt berühre den mittleren (9) und unteren fleischigen Teil des Zeigefingers (10). Mit diesem Zyklus hat man das Mantra zehnmal wiederholt. Beginne wiederum mit dem Daumen auf dem mittleren fleischigen Teil des Mittelfingers der rechten Hand und fahre so fort mit dem Jap (der Wiederholung des Mantra).

Das Schreiben des Mantra

Nimm ein leeres Notizbuch, in das du täglich, regelmäßig und systematisch dein Ishta-Mantra schreibst. Lege die Zahl der Wiederholungen, die du schreiben willst, fest. Dies kann nach Belieben geschehen. Wasche Gesicht, Hände und Füße. Spüle deinen Mund und lege saubere Kleider an. Körper und Geist sollten rein sein, wenn du das Mantra schreibst. Während man es schreibt, sollte man es auch innerlich wiederholen. Man sollte dabei mit niemandem sprechen. Man muß es in vollkommener Stille ausführen und jedes Mantra in tiefem Glauben und mit starkem Gefühl schreiben. Das Schreiben des Mantra hält den Geist wachsam. Man kann unmöglich dabei einschlafen. Am besten ist es, das Schreiben mit dem Mala (dem Rosenkranz) zu verbinden, d.h. man wiederholt das Mantra mit dem Rosenkranz bis zur festgesetzten Zahl, und danach schreibt man das Mantra. Außerdem sollte ein Sadhaka (ein geistig Strebender) bei allem, was er tut und wo immer er ist, das Mantra innerlich wiederholen. Wenn es einem Sadhaka gelingt, diese drei

Dinge durchzuführen, wird es ihm leicht, Sinne und Geist zu beherrschen und Freiheit zu erreichen.

Das Lesen des Mantra

Es gibt noch eine andere Methode, Mantra-Jap zu üben. Man kann es auch lesen. Nimm ein Blatt zur Hand, auf dem das Ishta-Mantra einhundertachtmal in deutlichen Buchstaben gedruckt oder geschrieben ist; oder verschaffe dir ein kleines Taschenbuch mit einhundertundacht Seiten, mit nur einem geschriebenen oder gedruckten Mantra auf jeder Seite. Beim Lesen des Mantra beobachte alle Regeln, die für die Ausführung von Mantra-Jap mit Perlen gegeben wurden.

10. Die Notwendigkeit eines Symbols bei der Meditation und beim Denken an Gott

Ein Wunsch ist die Vorstufe eines Gedankens. Wenn er sich entfaltet, wird er zum Gedanken. Beide sind – wie Knospe und Blüte – nur verschiedene Phasen des gleichen Vorganges. Sie sind nicht dasselbe, wie manche aus Unkenntnis meinen. Zuerst entsteht im Geist ein Wunsch in Form einer subtilen auf einen bestimmten Gegenstand gerichteten Anregung. Mit anderen Worten, zuerst nimmt der Geist im Gehirnzentrum eine sehr subtile Form eines Gegenstandes wahr, und dann entsteht ein subtiles Verlangen danach. Selbst in dieser Phase ist sich ein gewöhnlicher Sterblicher noch nicht voll bewußt, was in ihm vorgeht und was er möchte. Mit diesem subtilen Wunsch sendet dann der Geist einen Impuls zu Chitta (Speicher des Geistes), um das über den gewünschten Gegenstand angesammelte Wissen hervorzuholen. Im Chitta ist all das frühere Wissen von den verschiedenen Gegenständen, Begebenheiten, Ereignissen usw. sozusagen in verschiedene Fächer eingeordnet. Wenn der Geist einen Impuls zum Chitta schickt und das Wissen empfängt, tritt eine Rückwirkung ein, und er kehrt zur Region des Herzens zurück. Hier nimmt der subtile Wunsch eine gröbere Form an. Nun wird sich auch ein gewöhnlicher Sterblicher dessen voll bewußt. Und wenn der Wunsch weiter aufsteigt und das Gehirnzentrum erreicht, wird er zum Gedanken. Sobald der Gedanke da ist, beschäftigt sich der Geist mit der subtilen Form des Gedankengegenstandes. Dies zeigt, daß mit jedem Wunsch und jedem Gedanken eine subtile Form verbunden ist. Es kann keinen Wunsch und keinen Gedanken geben, ohne daß man vorher im Geiste einen Gegenstand sieht, bzw. daß man ein subtiles geistiges Bild eines Dinges oder Gegenstandes entwirft. Wann immer wir an etwas denken und etwas über einen bestimmten Gegenstand erfahren, stets erscheint im Gehirnzentrum gleichzeitig ein klares Bild des Gegenstandes, an den wir denken. Ohne eine geistige Projektion des Bildes des gedachten Gegenstandes kann es keinerlei Wissen davon geben. Mit anderen Worten, Name und subtile Form gehören immer zusammen und sind untrennbar miteinander verbunden. In der Regel sind Geist und Intellekt in ihrer Arbeitsweise dieser Einschränkung unterworfen.

Ein Mensch mag intellektuell sehr begabt und spirituell weit fortgeschritten sein, dennoch kommt er nicht ohne Namen und dessen subtile Form aus. Selbst wenn ein Mensch Nirvikalpa Samadhi erreicht hat, braucht er zum Denken eine subtile Form, wenn er auf die Ebene relativen Bewußtseins herabkommt. Im Bewußtseinszustand des Nirvikalpa Samadhi gibt es weder Wunsch noch Gedanken. Dann verschmelzen alle, Geist, Wille, Intellekt, Ego und Chitta mit dem höchsten Geist bzw. mit Brahman, und genauso auch die Begriffe von Subjekt, Objekt und Wissen. Was in diesem Zustand bleibt und alles erfüllt, ist das Meer des Bewußtseins an sich. Allein in diesem Zustand, im Bewußtseinszustand von Nirvikalpa Samadhi, kann der Mensch den formlosen Aspekt Gottes erfahren und erkennen. In allen anderen

Verfassungen des Bewußtseins bedeutet Leben das Wahrnehmen von Dualität (*Dwaita*), und bei jedem Denken entsteht ein geistiges Bild des Gedankengegenstandes. Aus reiner Unwissenheit jedoch hat der Mensch, weil er die Geheimnisse des Geistes und der Geistesfunktionen nicht kennt, gegen den Gebrauch von Symbolen im Gottesdienst und in der Meditation vielerlei Einwände. Es ist aber eine erwiesene Tatsache, daß der Mensch, wenn er an Gott denkt, Ihm dient und auf Ihn meditiert, ohne subtile oder gröbere Symbole nicht auskommt.

Gott ist nur Eines ohne ein Zweites. Er ist ewig, unendlich, unwandelbar, unbeweglich, ohne Geburt, ohne Wachstum, ohne Verfall, ohne Tod, ohne Geschlecht und ohne Form. Er ist die materielle und bewirkende Ursache des Universums. Wie Dampf, wenn er kälter und dichter wird, die Form von Wolken, Wasser, Eis usw. annimmt, so entfaltet sich die Shakti (die Kraft) Gottes zu Geist und Materie und zu den vielerlei Namen und Formen des Universums. Kein einziges Ding ist ohne Gott. Er ist in allen Dingen und überall. Gott kann nicht als »Er«, »Sie« oder »Es« bezeichnet werden; nichtsdestoweniger braucht man diese Worte ständig, wenn man von Ihm spricht. Gott hat keinen speziellen Namen und keine Form; nichtsdestoweniger offenbart Er Sich Seinen Anbetern in unzähligen Namen und Formen, so wie es ihren Wünschen und Neigungen entspricht.

Um es deutlicher zu machen, denken wir uns ein Kind, das gerade das ABC lernt. Zuerst gibt der Lehrer dem Kind eine Schiefertafel und einen Griffel und läßt es große Buchstaben und Zahlen schreiben. Wenn das Kind geschickter wird und es ihm gelingt, die Buchstaben und Zahlen richtig zu schreiben, läßt man es in feiner Schrift schreiben, und nach und nach führt man es dahin, Federhalter und Papier zu benutzen und sauber und schön zu schreiben. Wie in der materiellen Welt, so müssen wir auch auf geistigem Gebiet vom Gröberen zum Feineren fortschreiten. Gott ist subtiler als das subtilste aller Dinge; darum kann der ans Endliche gebundene Geist Sein innerstes Wesen nicht denkend erfassen. Wenn ein Mensch den Namen Gottes oder Brahmans denkt oder sagt, so projiziert er entsprechend seinem Vorwissen eine ganz persönliche subtile Form von Ihm und begreift Ihn auf diese Weise. Selbst Menschen, die vorgeben, den Pfad des Jnana-Yoga zu gehen, und sich rühmen, Brahman in Seinem formlosen Aspekt zu begreifen, oder die Brahman als Sat-Chit-Ananda (Absolutes Sein, Absolutes Wissen und Absolute Seligkeit) erfassen, sind gezwungen, an Akasa (den Äther) oder die unendliche Weite der Meere zu denken, um sich eine Vorstellung von der Alldurchdringung Brahmans zu machen. Wer sich Gott als Allmächtig und Allbarmherzig denkt, muß sich Ihn als einen mächtigen, aber freundlichen Herrscher vorstellen. Wie man sich also auch ausdrückt, und wie fein die Ausdrucksweise auch sein mag, der Mensch als Mensch, dessen Geist Grenzen hat, kann niemals die Unendlichkeit bzw. den formlosen Aspekt Brahmans ohne die Hilfe eines Symbols oder eines Bildes feinerer oder gröberer Art erfassen.

Keiner Religion – und keinem Menschen vor dem Erreichen von Nirvikalpa Samadhi – ist es möglich, ganz ohne Symbole auszukommen, wenn sie sich eine wirkliche Vorstellung von Gott bilden wollen. Dies ist der Grund, weshalb die verschiedenen Religionen der Welt für den Gottesdienst die verschiedenartigsten Symbole gröberer und feinerer Art eingeführt haben. Wie der Mensch von seiner Geburt bis zu seiner Volljährigkeit verschiedene Reifegrade durchläuft, so arbeitet sich ein spirituell Strebender durch verschiedene Stufen spiritueller Übungen hindurch, bevor er Nirvikalpa Samadhi erreicht und den formlosen Aspekt Gottes oder Brahmans erfährt. Am Anfang sollte man darum für die Meditation und Konzentration gröbere Dinge nehmen, und dann zu subtilen und noch subtileren Formen übergehen, bis man schließlich Nirvikalpa Samadhi erreicht und ohne alle Symbole auskommen kann. Es ist tatsächlich eine Notwendigkeit, so vorzugehen. Stellen wir uns z.B. einen Soldaten vor, der schießen lernt. Zuerst übt er sich an größeren Gegenständen als Ziel, und wenn er darin Treffsicherheit gewonnen hat, nimmt er kleinere Ziele, bis er schließlich zum Meisterschützen wird. In ähnlicher Weise nimmt auch ein Anfänger auf dem spirituellen Weg bei seinem Denken an Gott zuerst gröbere Symbole, um Reinheit, Subtilität und Konzentration zu gewinnen. Und wenn der Geist rein, subtil und einzielig geworden ist, greift der spirituell Strebende von selbst zu feineren und subtileren Formen in der Meditation, bis er schließlich Nirvikalpa Samadhi erreicht, Namen und Formen überschreitet und keinerlei Symbole mehr braucht.

Die Gründer verschiedener Religionen haben ihren Anhängern je nach deren Geschmack und geistiger Reife mancherlei Methoden und Symbole für die Verehrung Gottes gegeben. Einige Religionen nennen Gott den

Allbarmherzigen Vater im Himmel; andere nennen Ihn die Allbarmherzige Mutter; während wiederum andere Ihn als geliebten Freund bezeichnen usw. usw. Viele verehren Gott in Heiligen und Gottmenschen; manche im Feuer, oder durch Yantras und Mantras (mystische Diagramme und Silben). So gibt es unzählige Methoden und Symbole, deren sich die verschiedenen Religionen bedienen, um den mancherlei individuellen Temperamenten und Stufen geistiger Entfaltung gerecht zu werden. Das Symbol mag sehr grobstofflich sein, doch betrachtet der Andächtige das Bild nicht als Bild, als bloßen Stein oder dergl. Er sieht die Gottheit, gewahrt die Gottheit und erfaßt die Gottheit im Bild. Er versieht das Bild, das er verehrt, mit allen göttlichen Eigenschaften. Er fühlt die göttliche Gegenwart in dem Gegenstand seiner Verehrung. Und in dem Maße, wie er geistig vorankommt, fallen die niedrigeren und grobstofflichen Bilder von selbst von ihm ab wie trockene Blätter von einem Baum. Dann hält sich der Strebende an Symbole von subtilerer und höherer Art, bis er schließlich das Höchste erreicht und keine Symbole mehr braucht. Für die Religion und für die Beherrschung des Geistes sind also Symbole von größter Bedeutung und können nicht einfach als wertlos abgetan werden.

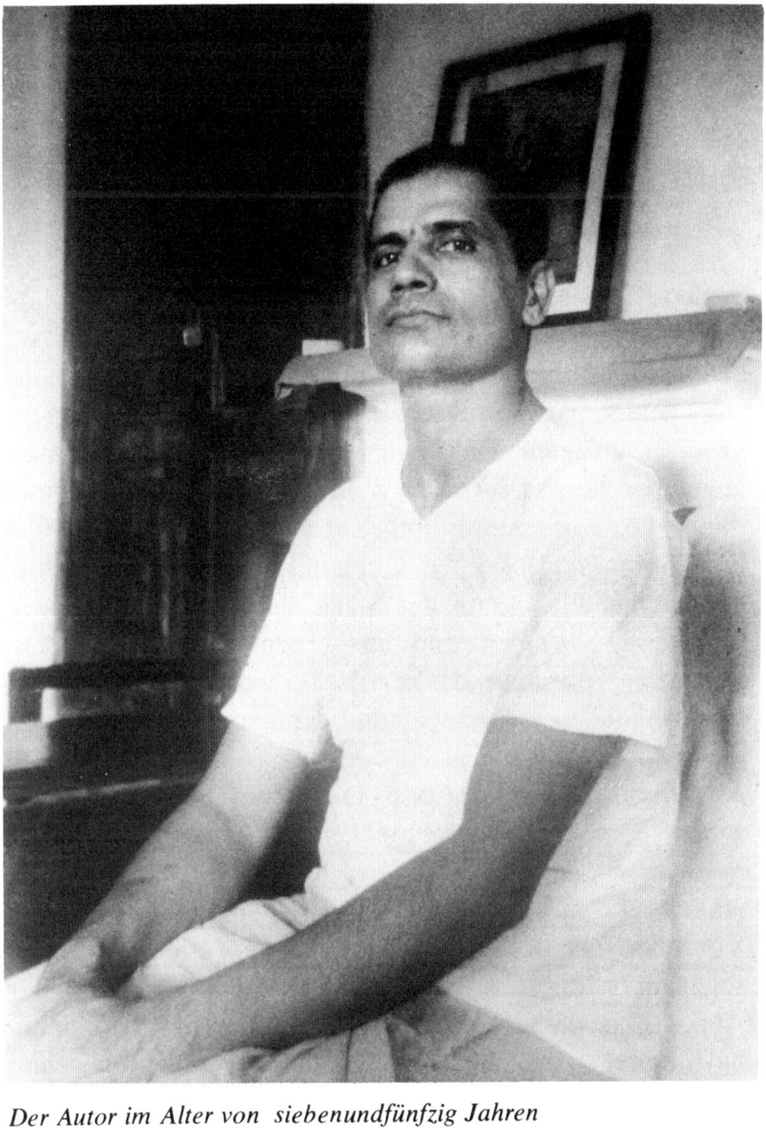

Der Autor im Alter von siebenundfünfzig Jahren

11. Willenskraft – wie man sie verliert – und gewinnt

Willenskraft ist eine der Fähigkeiten des Geistes, die uns denken, sprechen und handeln läßt. Der Intellekt bzw. das Unterscheidungsvermögen des Geistes unterscheidet, entscheidet und vermittelt uns Wissen von den Dingen. Wenn man eine Entscheidung getroffen und Wissen gewonnen hat, so setzt die Willenskraft die Entscheidung durch die Indriyas (die Sinne) und den Körper in die Tat um. Sinne und Körper können nicht aus sich selbst heraus handeln, wenn der Wille sie nicht bewußt oder unbewußt antreiben und anspornen würde. Vor dem Sprechen wünschen, denken und entscheiden wir zuerst, und schließlich wollen wir, und dann sprechen wir. Ohne diesen Vorgang (obgleich er bei vielen automatisch geworden ist), können wir nicht sprechen. Wenn wir sehen, hören, tasten, schmecken oder riechen möchten, müssen wir zuerst wünschen, denken, entscheiden und wollen, und nur dann arbeiten die entsprechenden Sinne. Vor allen geistigen und körperlichen Tätigkeiten wünschen wir (dieser Wunsch erscheint in Form einer Anregung), dann denken wir und kommen zu einem bestimmten Entschluß, und schließlich wollen wir und handeln. Ohne diesen Prozeß gibt es keine geistige oder physische Tätigkeit.

Die Willenskraft nimmt zu und nimmt ab; sie wird

stärker und schwächer. In der Jugend und in mittleren Jahren ist der Wille im allgemeinen stark und wird mit dem Alter schwächer. Als Folge einer sich lang hinziehenden oder chronischen Krankheit oder durch einen übermäßigen Verlust an sexueller Energie wird die Willenskraft sehr geschwächt. Da die meisten Menschen, Männer wie Frauen, in ihrem sexuellen Leben nicht Maß halten, haben sie im allgemeinen nur eine schwache Willenskraft. Es hängt völlig vom Menschen selbst ab, seine Willenskraft zu stärken oder zu schwächen. Reinheit, Subtilität und Konzentration des Geistes führen zu unerschütterlicher Willenskraft. Ein Heiliger, ein reiner Mensch, ein heiliger Mensch, ein Mensch mit gutem Charakter und guter Lebensführung, und ein Brahmachari (ein im Zölibat lebender Mensch) verfügen im allgemeinen über starke und unerschütterliche Willenskraft. Ein Mensch mit starker Willenskraft ist niemals unentschlossen. Er ist schnell in seinen Entscheidungen und bestimmt in seinen Antworten. Wie schon gesagt wurde, sind Reinheit des Geistes, schnelle und richtige Entscheidungen, unerschütterliche Willenskraft und Heiligkeit immer miteinander verbunden. Menschen mit solchen Eigenschaften haben inneren Frieden und leben ganz nach ihren Grundsätzen. Ihre Gedanken, Worte und Taten stehen im Einklang. Niemals kommen sie in Konflikt miteinander. Selbst wenn man ihren Körper zerstückeln würde, würden sie nicht von ihren Entschlüssen und Entscheidungen abweichen. Menschen mit Willenskraft haben einen großen Einfluß und sprechen mit Überzeugungskraft, Bestimmtheit und Autorität. Bei ihnen gibt es keine Verschlagenheit und Überheblichkeit, Doppelzüngigkeit und Diplomatie sind ihnen fremd. Im

Gegenteil, sie bleiben stets bei der Wahrheit, sind immer aufrichtig, geradeheraus, keusch und selbstlos.

Die Stärke der Willenskraft hängt von der Reinheit des Geistes ab; durch Unreinheit wird sie geschwächt. Unrein wird der Geist durch die vielerlei Wünsche. Diese sind es, die die Kräfte des Geistes zersplittern. Die Wünsche sind hauptsächlich auf den Genuß an den fünf gröberen und feineren Sinnen gerichtet. Wünsche entstehen durch die Ich-Vorstellung, die eigentliche Ursache von Abhängigkeit und unermeßlichem Leid. Wem also daran liegt, Willenskraft zu entwickeln, der muß zuerst seinen Geist läutern. Und das kann er nur, wenn er das Ich-Denken überwindet, alle Wünsche aufgibt, die Sinne beherrscht und sich in Konzentration übt. Anders kann Willenskraft nicht entwickelt werden.

Ein Brahmachari (einer, der in sexueller Enthaltsamkeit lebt) hat eine sehr starke Willenskraft, selbst im vorgeschrittenen Alter. Und ein wirklicher Brahmachari, d.h. einer, der in Gedanken, Wort und Tat in Brahmacharya fest verankert ist, verfügt immer über unerschütterliche Willenskraft. Ein solcher Mensch vermag Himmel und Erde zu bewegen; es gibt nichts Unmögliches für ihn. Ein zügelloses sexuelles Leben dagegen schwächt die Willenskraft sehr. Nur durch ein gut geregeltes Sexualleben kann man es wieder zu normaler Willenskraft bringen. Man muß sich also strikt an Brahmacharya halten, wenn man Willenskraft, Reinheit und Konzentration entwickeln möchte; und um sich eine durchschnittliche Stärke des Willens zu sichern, sollte man wenigstens sehr maßvoll im Geschlechtsgenuß sein. Denn die sexuelle Energie ist die eigentliche Grundkraft des Lebens, und wenn man diese höchst heilige und höchst wichtige Energie vergeudet, bereitet man sich ein elendes Leben. Wird sie dagegen gezügelt, beherrscht, erhalten und bewahrt, so verwandelt sie sich in eine mächtige geistige Kraft, »Ojas Shakti« genannt. Gelangt man in den Besitz dieser Kraft, so kommt der Geist von selbst zu Reinheit, Konzentration und Subtilität, zu einem scharfen Intellekt, einem guten Gedächtnis und unerschütterlicher Willenskraft. Um also Willenskraft zu entwickeln und in den Besitz der verborgenen höheren Fähigkeiten des Geistes zu gelangen, muß man in Brahmacharya fest verankert sein.

Aufgeregtheit, Ruhelosigkeit, Unsicherheit, nicht heiter sein können, Mangel an Selbstvertrauen, Zweifel, Unentschiedenheit, ein unruhiger oder verstörter Blick, Verdrießlichkeit, Gedächtnisschwäche, getrübter Intellekt, begehrliche Wünsche und Gedanken, Furcht usw., das alles sind Symptome einer schwachen Willenskraft.

Wie man zu Willenskraft kommt

Vor allem finde heraus, welches deine Schwächen, deine Mängel, deine Ausflüchte, deine Sünden und unrechten Handlungen sind. Erforsche sie gründlich. Stelle dir vor, welches Elend, welche Leiden, Erniedrigungen, Sorgen und Schwierigkeiten du dadurch erfährst. Wäge ab und erinnere dich, wieviel Gutes dir zukommen wird, wenn du alle diese Dinge aufgibst und ein neues Leben beginnst. Denke lange und gründlich nach und unterscheide genau. Entscheide, ob du Glück und Erfolg – oder Unglück und Mißerfolg wünschst. Um Freiheit und Seligkeit zu erreichen, mußt du Geist und Sinne beherrschen und die sündhaften und vergänglichen Sinnesfreuden aufgeben. Wirst du zum Sklaven deiner Leidenschaften, deiner Sinne und des Geistes, müßtest du den ewigen Frieden und die ewige Seligkeit entbehren. Frage dich immer wieder; denke an die Übel und Leiden, die folgen, wenn du den falschen Weg einschlägst; und schließlich fasse einen Entschluß und übe dich in echter Leidenschaftslosigkeit gegenüber allen weltlichen Dingen und den Augenblicksfreuden der Sinne. Ist dieser Entschluß einmal gefaßt, dann halte auch standhaft an ihm fest. Laß dich nicht wieder von Schwächen und Leidenschaften überwältigen. Sei stark. Nimm allen Mut und alle Kraft zusammen und halte dich unter allen Umständen an deinen Entschluß.

2. Mache dir einen Zeitplan und teile dir die Zeit für Arbeit, geistige Übungen, Ruhe usw. so ein, wie es dir am günstigsten erscheint. Folge dem Zeitplan gewissenhaft. Mache keine Kompromisse in der Ausführung des täglich Vorgenommenen. Nur, wenn du sehr pünktlich in allem bist und deinen täglichen Pflichten regelmäßig und planmäßig nachkommst, kannst du sicher sein, die verlorene Willenskraft bald wiederzugewinnen.

3. Lies gute, inspirierende und erhebende Bücher, die sich mit Gott, mit Philosophie, mit Frömmigkeit und mit dem Leben großer Heiliger beschäftigen. Dies wird dir bestimmt helfen, deine Willenskraft zu stärken.

4. Suche Umgang mit hochstehenden Menschen mit einem guten, reinen und starken Charakter, und mit gottverwirklichten Menschen, und diene ihnen selbstlos. Dies wird dir sehr helfen, deinen Charakter zu bilden, deinen Geist und dein Herz zu läutern und in jeder Hinsicht voranzukommen.

5. Meide schlechte Gesellschaft, besonders lasterhafte und ausschweifende Menschen. Lies keine Liebesro-

mane, noch schaue dir sexuell aufreizende Bilder an. Sie würden bestimmt deine Schwierigkeiten vermehren und deinem Fortschritt hinderlich sein.

6. Sprich wenig, aber was du sagst, sollte liebenswürdig und nützlich sein. Durch zu vieles Reden verliert man geistige Energie, und der Geist wird unruhig. Menschen, die viel reden, sind im allgemeinen keine Menschen der Tat. Sie vergeuden ihre Kraft in Worten. Versuche darum, diese wichtige Kraft des Körpers und des Geistes zu erhalten. Je mehr du diese Kraft bewahrst, um so mehr gewinnst du an Willenskraft und um so größer ist dein geistiger Fortschritt. Wenn es dir deine täglichen Arbeiten erlauben, oder wenn es dir auf andere Weise möglich ist, so versuche, dich jeden Tag, oder wenigstens einmal in der Woche, einige Stunden im Schweigen (Mouna) zu üben. Wenn du dies regelmäßig durchführst, wirst du die Zunahme deiner Willenskraft und dein moralisches Wachstum spürbar fühlen und erkennen.

7. Wie schon in einem der vorigen Kapitel gesagt wurde, solltest du dich in deiner Ernährung an bestimmte Regeln halten. Überlade niemals den Magen. Denn ein verdorbener Magen ist die Ursache von vielen Übeln, von schlechten Gedanken, Krankheiten und Fehlschlägen.

8. Fasse den festen Entschluß, das Böse in dir auszumerzen. Lasse dich, deinem Entschluß entsprechend, von hohen, edlen und erhebenden Grundsätzen leiten, und bemühe dich mit dem größten Eifer und der größten Begeisterung, deren du fähig bist, danach zu handeln. Sei geduldig, arbeite hart und widerstehe allen Versuchungen. Anfangs wird es Fehlschläge geben. Kümmere dich nicht darum. Tue nur wissentlich nichts Falsches. Beob-

achte deinen Geist genau; finde das Ungute heraus, zu dem er neigt, und ergreife die richtigen Mittel und Wege, dich völlig davon freizumachen. Wann immer du etwas zu tun hast, das gut und nützlich und gleichzeitig auch deine Pflicht ist, dann tue es augenblicklich. Zögere nicht in solchen Dingen. Warte nicht auf ein Morgen, das niemals kommt. Lasse dir von deinem Geist und deinen Sinnen nichts vormachen. Denn ein unreiner Geist versucht ständig, sich der Verantwortung zu entziehen und ihr aus dem Wege zu gehen, und verfängt sich leicht in den eigenen Maschen.

9. Richte deine besondere Aufmerksamkeit auf kleine und scheinbar unwichtige Dinge. Vernachlässige niemals irgendetwas. Denn wer sich daran gewöhnt, kleine und unwichtige Dinge zu vernachlässigen, der wird sicher auch große und wichtige Dinge vernachlässigen, weil der Geist dabei unbewußt die Gewohnheit annimmt, jeder Art von Verantwortung aus dem Wege zu gehen.

10. Finde eine Methode heraus, schlechte Gewohnheiten langsam aber sicher abzulegen. Bist du von sexuellen Freuden abhängig geworden und möchtest mit Brahmacharya (sexueller Enthaltsamkeit) beginnen, so gehe nicht plötzlich dazu über und lege auch kein Gelübde ab, dich sofort und konsequent daran zu halten. Überstürze nichts. Denke vielmehr darüber nach, unterscheide, und fasse dann den festen Entschluß, die häßliche Gewohnheit aufzugeben. Sei so vorsichtig wie irgend möglich und triff alle notwendigen Maßnahmen, Gesellschaften zu vermeiden, die sinnliche Wünsche und Gedanken aufkommen lassen. Am Anfang reduziere deine Vergnügungen auf ein Minimum an bestimmten festgesetzten Tagen. Wenn du die nötige Kraft und genug Selbstvertrauen

fühlst, schiebe diese Dinge auf bestimmte Monate hinaus, und so fahre fort, bis du schließlich die Gewohnheit für immer aufgibst. In der ersten Zeit überwache den Geist und die Sinne, und sobald niedrige Wünsche und Gedanken auftauchen, unterscheide, beherrsche und verbanne sie, indem du dich an deinen Entschluß erinnerst und das unermeßlich Gute bedenkst, das du gewinnst, wenn du dich an Brahmacharya hältst. Selbst zu den dafür festgesetzten Zeiten liefere dich nicht allzu leicht der Sinnlichkeit aus. Kämpfe und versuche, die Zeit der Enthaltsamkeit nach Möglichkeit immer mehr zu verlängern. Nur wenn es dir ganz undurchführbar erscheint, solltest du nachgeben. Überzeuge den Geist und ziehe ihn weiter und weiter von diesen Dingen ab. Aber sei nicht bekümmert, wenn du versagst. Hab unendliche Geduld und arbeite unermüdlich weiter. Wenn du es wirklich ernst meinst und die notwendigen Vorsichtsmaßnahmen triffst, wird es dir bestimmt gelingen, die Schwächen zu überwinden und deine Willenskraft zu stärken.

11. Bemühe dich, den Geist in allen Situationen in vollkommenem Gleichgewicht zu erhalten. Ob Wohl oder Wehe, ob Schmerz oder Leid, oder was das Leben sonst an Gegensätzlichkeiten mit sich bringen mag, verliere niemals das innere Gleichgewicht. Bemühe dich immer um Selbstbeherrschung, damit du dein Gleichgewicht nicht verlierst, und richte dich, ohne zu klagen, nach den jeweils gegebenen Verhältnissen. Dies wird deine Willenskraft stärken.

12. Fahre fort, dich regelmäß sowohl morgens wie auch abends in Mantra-Jap und Meditation zu üben. Beschäftige den Geist ständig mit der Wiederholung deines Ishta-Mantra. Denke unablässig an deine Ishta-

Devata und das Ishta-Mantra. Laß diese beiden deine ständigen Begleiter, den eigentlichen Inhalt und wesentlichsten Teil deines Lebens sein. In jedem hast du einen nie versagenden Freund, Führer und Erretter. Mantra-Jap und Meditation führen mit Sicherheit zu Konzentration und Reinheit des Geistes und sind ein Mittel zur Charakterbildung und Stärkung des Willens.

13. Verliere niemals die Hoffnung. Sei voll von hohen Hoffnungen und hab hohe Ideale vor Augen. Habe unendlichen Glauben, Glauben an dich selbst, Glauben an Gott, Glauben an die Worte deines Guru und Glauben an die Heiligen Schriften. Betrachte dich niemals als minderwertig. Grüble niemals nach über deine Schwächen, deine Schattenseiten, Sünden und Niederlagen. Wenn du auch heute ein Sünder bist, schon morgen kannst du, wenn du nur willst, ein Heiliger sein. Selbstvertrauen wird dir unendliche Kraft und Stärke geben. Gute Gedanken und edles Tun werden dich groß machen; unrechte Wünsche, Gedanken und Taten lassen dich tiefer sinken. Die Welt ist nichts als eine Projektion deines eigenen Geistes. Wie du denkst, so wirst du. Der Geist ist etwas außerordentlich Subtiles. Er hat weder eine eigene Farbe noch eine eigene Form, nimmt aber die Farbe und Form des Gegenstandes an, an den wir denken. Wenn du also beständig an hohe, edle und erhebende Dinge denkst und darin lebst, so wird dein Geist die Form dieser Gedanken annehmen, und du wirst groß werden. Fährt dein Geist dagegen fort, sich in sündigen, niedrigen und gemeinen Wünschen und Gedanken zu ergehen, so kann aus dir nur ein elender Tropf werden. Mit gemeinen und niedrigen Wünschen und Gedanken leidet der Mensch schon in dieser Welt

Höllenqualen. Unser gegenwärtiges Wohl oder Wehe ist die Folge unserer früheren guten oder bösen Wünsche, Gedanken und Handlungen. Und unsere zukünftigen Freuden und Leiden hängen völlig von unseren gegenwärtigen guten oder schlechten Wünschen, Gedanken und Handlungen ab. Du solltest dich darum immer an gute, edle, hohe und erhebende Wünsche und Gedanken halten, dich fest entscheiden – und rechtschaffen handeln. Wenn du beständig an Gott denkst, an Seine Macht und Herrlichkeit, so wirst du bestimmt im Laufe der Zeit Ihm gleich werden. Zur Stärkung der Willenskraft sind darum hohe und erhebende Gedanken absolut notwendig.

14. Wenn man seine Sinne zurückhält, zügelt und beherrscht, und wenn man seinen Geist läutert und gut erzieht, so sind sie dem Menschen treue Freunde und wirkliche Führer. Sind sie jedoch schlecht trainiert, ungezügelt und unrein, so verführen sie den Menschen und werden zu seinen Feinden. Ständige Übung in Selbstdisziplin und Selbstbeherrschung und ununterbrochene Wachsamkeit sind darum für einen Menschen, der wirklich geistig vorankommen möchte und nach Reinheit des Geistes und gigantischer Willenskraft strebt, absolut notwendig.

15. Der Charakter ist nichts anderes als ein Bündel von Gewohnheiten. Wenn man einen Wunsch, einen Gedanken oder eine Handlung ständig wiederholt, so werden sie zur Gewohnheit. Es wird einem Menschen zur Gewohnheit, in einer bestimmten Art und Weise zu wünschen, zu denken und zu handeln. Wenn man seinen Füllfederhalter in einer bestimmten Weise hält und fortfährt, so zu schreiben, wird es zur Gewohnheit, und man kann nur dann gut schreiben, wenn man den Stift in der

gewohnten Weise hält. Genauso sind unsere guten oder bösen Wünsche, Gedanken, Handlungen und Gewohnheiten unser eigenes Werk. Wir haben in der Vergangenheit bestimmte Dinge gewünscht, wir haben an sie gedacht und in bestimmter guter oder unguter Weise gehandelt. Dadurch sind im Chitta (dem Reservoir des Geistes) Eindrücke entstanden, die in ihrer Einwirkung auf Geist und Sinne automatisch zu Gewohnheiten wurden. Wollen wir von diesen loskommen, so müssen wir entgegengesetzten Wünschen, Gedanken und Handlungen Raum geben. Um schlechte, verwerfliche und lasterhafte Wünsche, Gedanken und Handlungen zu vermeiden, müssen wir stets Gutes, Edles und Erhabenes wünschen und denken und immer Gutes tun. Auf diese Weise wird der Geist geläutert und die Willenskraft gestärkt.

Woran man die zunehmende Willenskraft erkennt

Reinheit, Heiterkeit und Stetigkeit des Geistes, gute Konzentration, Friede, Ruhe, Selbstbeherrschung, frei sein von unguten Wünschen, ein ruhiger Blick, ein gutes Gedächtnis, ein guter Charakter, Selbstvertrauen, frei sein von Unentschlossenheit, ein klarer Intellekt, schnelle und richtige Entscheidungen, – dies alles sind einige der sicheren Anzeichen für zunehmende Willenskraft. Denn Reinheit und Stetigkeit des Geistes, ein gutes Gedächtnis, eine natürliche, sich von selbst verstehende Beherrschung aller Sinne, und die Ausbildung gigantischer Willenskraft sind immer miteinander verbunden. Ein geläuterter Geist ist immer harmonisch, und ein harmonischer Geist ist immer ruhig, heiter und voller Frieden.

12. Wünsche – ihre Ursache und Beherrschung

Der Wunsch ist die Grundursache dieser Welt mit Geburt, Wachstum, Verfall und Tod (*Samsara*), die Ursache von Abhängigkeit und unermeßlichem Leid. Wünsche sind es, die den Menschen abhängig machen und ihm seinen inneren Frieden nehmen. Durch sie ist er hilflos Höllenqualen ausgesetzt. Die Ursache aller Wünsche aber ist das Ego (die »Ich«-Vorstellung). Mit dem Gedanken an das Ich kommen Wünsche im Geist auf. Ohne dies kümmerliche »Ich« gäbe es keine Wünsche. Ein Wunsch ist ein Impuls, der auf einen äußeren Gegenstand gerichtet ist, an dem man einiges Interesse findet. Wünsche sind immer darauf aus, sich an den fünf Sinnen, nämlich am Hören, Berühren, Sehen, Schmecken und Riechen zu erfreuen. Wir wünschen uns, liebliche und wohlklingende Stimmen und Töne zu hören, und verabscheuen grobe Worte und schrille, knirschende Geräusche. Wir lieben sanfte, samtweiche Berührung, haben aber einen Widerwillen gegen Rauhes und Hartes. Wir lieben es, schöne Dinge zu sehen und haben eine Abneigung gegen Häßliches und Schreckliches. Wir haben eine Schwäche für süße und köstliche Speisen, aber meiden alles, was uns nicht schmeckt. Wir wissen liebliche Gerüche und wohlriechende Düfte sehr zu schätzen, aber gehen einem widerlichen und stinkenden Geruch aus dem Wege. Daraus sehen wir, daß es zweierlei Arten von Wünschen gibt: den Wunsch, angenehme Dinge zu besitzen, und den Wunsch, nicht zusagenden Dingen aus dem Wege zu gehen.

Der Mensch wünscht sich einen gesunden, schönen Körper und eine anziehende Erscheinung. Er wünscht sich Wissen und möchte über die Unwissenheit hinauskommen. Ein weltlich gesinnter Mensch wünscht reich zu sein, in einem komfortablen Haus zu wohnen, einen jungen, schönen, gesunden, fügsamen und liebenden Partner und gute, hübsche, kräftige und lebhafte Kinder zu haben und dergl. mehr. Wenn er dies alles erhält, wünscht er sich eine gute Position, d.h. eine gute gesellschaftliche Stellung und strebt nach Ehre und Ruhm. Einige haben auch den Wunsch, ihren Eltern, ihrer Familie, ihren Verwandten und Bekannten, ihrem Land und der ganzen Menschheit nützlich zu sein. Im Geist eines gewöhnlichen Sterblichen steigen unaufhörlich unzählige Wünsche auf. Diese sind es, die ihm den nötigen Antrieb geben, sich selbst bei Fehlschlägen, Schwierigkeiten und Leiden weiter zu bemühen. Immer hoffend, kämpft er sich weiter voran. Sind seine Anstrengungen vergeblich, hofft er auf morgen, und arbeitet mit unendlicher Geduld und gegen alle Hindernisse weiter. Das Hauptanliegen aller seiner Wünsche ist: glücklich zu werden. In Wirklichkeit sucht der Mensch wahren Frieden, Seligkeit und Freiheit; in seiner Unwissenheit meint er jedoch, daß sein wahres Glück in weltlichem Besitz und im Genuß flüchtiger Sinnesfreuden liegt. Je mehr er von diesen Dingen hat, um so mehr gerät er in Abhängigkeit, und um so armseliger wird sein Leben. Um *einen* Wunsch zu erfüllen, erheben sich hundert neue Wünsche, und damit vermehren sich seine Sorgen und sein Elend um das Hundertfache. Ein in Wünsche verstrickter Mensch ist ein hilfloser Mensch. Ihm fehlt der innere Friede. Erreicht er den Gegenstand seiner Wünsche nicht mit rechten Mitteln, greift er leicht zu unrechtmäßigen Praktiken. Die meisten Übel der Welt, wie Verlogenheit, Schwindelei, Ehebruch, Diebstahl, Mord usw. sind darauf zurückzuführen, daß erfolglose, von Wünschen umgetriebene Menschen sehr oft zu unredlichen Mitteln greifen, um den Gegenstand ihrer unerfüllten Wünsche in ihren Besitz zu bringen. Hätte der Mensch keine Wünsche, würde er leicht seine eigene wahre Natur erkennen und in vollkommenem Frieden und unvergänglicher Seligkeit leben.

Alle die vielfachen Wünsche lassen sich zwei Hauptgruppen zuordnen: den guten oder den schlechten. Böse Wünsche erzeugen böse Gedanken, führen zu bösen, sündhaften Handlungen und entfernen den Menschen von Gott. Der Mensch leidet dann fürchterlich. Dagegen erzeugen gute Wünsche gute Gedanken, die zu edlen Taten werden und den Menschen tugendhaft und heilig machen. Allein ein solcher Mensch hat wirklichen inneren Frieden und sehnt sich nach Gottverwirklichung. Trotz alledem ist jeder Wunsch, ob gut oder schlecht, eine Fessel, die den Menschen bindet. Denn es gibt keinen einzigen Wunsch oder Gedanken, und kein einziges Tun, das man absolut gut oder schlecht nennen könnte. Tatsächlich ist alles eine eigenartige Mischung von gut und schlecht. Eine genaue Untersuchung zeigt, daß selbst eine Tat, die sehr gut genannt wird, auch etwas Ungutes an sich hat, und daß ein Tun, das man als sehr schlimm bezeichnet, nicht ohne eine Spur von Gutem ist. Haben Wünsche, Gedanken und Handlungen mehr gute und weniger schlechte Auswirkungen, nennt man sie gut, und haben sie mehr schlechte und weniger gute Auswirkungen, bezeichnet man sie als schlecht. So kommt es, daß der Mensch durch beide, durch gute und schlechte Wünsche, Gedanken und Taten abhängig wird. Wer die Wahrheit sucht, muß über beide hinausgehen, wenn er das Höchste erreichen will. Am Anfang jedoch sollte sich der Mensch an gute und erhebende Wünsche, Gedanken und Handlungen halten, um sich von den schlechten und herabziehenden Wünschen, Gedanken und Handlungen freizumachen. Auf diese Weise kann er geistig vorankommen und bis zu einem hohen Grade Reinheit des Körpers, der Nadis (Nerven) und des Geistes gewinnen. Letztlich aber muß er beide Arten von Wünschen, Gedanken und Handlungen aufgeben und überwinden, um seinen Geist mit der Unendlichkeit einswerden zu lassen.

Wünsche haben ihren Grund in Unwissenheit und sind im allgemeinen auf Dinge gerichtet, die man schon einmal gesehen, berührt, geschmeckt, gerochen oder gehört hat. Zuweilen jedoch baut sich ein Mensch auch Luftschlösser, d.h. er wünscht sich imaginäre Dinge. Doch existieren derartige Wünsche oft nur in der Phantasie und haben keine Kraft. Für gewöhnlich wünscht sich ein Mensch Dinge, die er schon sah und an denen er Freude hatte; sind solche Wünsche sehr stark und ausgeprägt, so treiben sie ihn fast augenblicklich zur Tat.

Die Kraft eines Wunsches oder eines Gedankens ist unterschiedlich und von dreierlei Art: sie kann mäßig, mittelmäßig und intensiv sein. Ein mäßiger Wunsch und Gedanke geht unbemerkt vorüber. Ein Wunsch und Gedanke von mittelmäßiger Kraft läßt den Menschen bequem und gemächlich handeln; während ein intensiver

Wunsch und Gedanke keinen Aufschub duldet und den Menschen unverzüglich zum Handeln antreibt. Wünsche kommen im Geist nur mit der Vorstellung von Dualität auf. Die Vorstellung von Dualität hat ihren Grund in Unwissenheit. Hoffnung, Anhänglichkeit und Sehnsucht intensivieren jeden Wunsch. Der Mensch möchte etwas besitzen, das getrennt von ihm ist. Wenn man beginnt, das eigene Selbst überall und in allen Dingen zu fühlen und zu erkennen, oder wenn man Brahman (Gott) in jedem Gegenstand sieht, verschwinden von selbst alle Wünsche. In Wirklichkeit gibt es nur Eines. Und dies Eine ist Gott oder Brahman, das Alldurchdringende, Ewige und Unendliche. Es ist das Eine Unveränderliche und Wandellose Sein hinter all den veränderlichen Dingen des Universums. Was sich ständig wandelt, sind die Namen und Formen. Nimm die Namen und Formen hinweg, – was bleibt, ist Gott, und Gott allein. Etwas kann nicht aus nichts entstehen. Gott ist der bewirkende und materielle Urgrund des Universums. Wenn der Mensch diese eine Wahrheit, nämlich die Einheit Gottes, wirklich erkennt, erlöschen alle Wünsche für immer. Um dies jedoch zu erreichen, muß der Mensch lernen, zu unterscheiden und gegenüber allen weltlichen Dingen leidenschaftslos zu sein.

Aus einem subtilen Wunsch wird ein gröberer Wunsch, und ein gröberer Wunsch wird zu einem Gedanken. Wenn sich ein Wunsch entfaltet, wird er zum Gedanken. Die weitere Entfaltung eines Gedankens führt zum Sprechen und zum Handeln. Erinnerungen an frühere Wünsche, Gedanken und Taten bleiben in ihrem kausalen Zustand im Chitta (im Reservoir des Geistes). Diese früheren Samskaras (die Eindrücke von früheren Erfahrungen in ihrem subtilen und kausalen Zustand) steigen oftmals im Geist auf, und zwar aus folgenden Gründen:

1. durch Willensanstrengung,
2. durch zielloses Umherschweifen des Geistes in den im Herz- und Gehirnzentrum lauernden subtilen Gedankenschwingungen,
3. durch Sinnesreizungen sowie durch innere und äußere Anregungen,
4. durch automatische Gedankenströme, die von den aufwärts steigenden Strömen der Kundalini Shakti in Bewegung gebracht werden,
5. durch die Sinne, die mit den äußeren Sinnesgegenständen in Berührung kommen,
6. und zuweilen durch einen Wunsch, einen Gedanken, eine Tat, einen Gegenstand, einen Ort oder einen Vorfall, wodurch der Gedanke an einen ähnlichen früheren Wunsch und Gedanken, an eine ähnliche frühere Tat usw. wieder emporsteigt.

Ein subtiler Wunsch erscheint im Geist zuerst in Form einer Anregung zu einem bestimmten Gegenstand. In diesem Stadium wird sich der Mensch dessen nicht voll bewußt, aber sogar unbewußt strebt er danach, diesen Gegenstand in seinen Besitz zu bringen. Mit dieser subtilen Anregung sendet der Geist einen Impuls in das Reservoir des Geistes, um früheres Wissen über den gewünschten Gegenstand (eine Erinnerung) zu suchen, und wenn es gefunden ist, tritt eine rückläufige Bewegung ein, und das Wissen steigt in die Region des Herzens empor. Nun wird aus dem subtilen Wunsch ein gröberer Wunsch, und der Mensch wird sich dessen voll bewußt.

Wenn der zurückkehrende Impuls mit dem gröberen Wunsch das Gehirnzentrum erreicht, beginnen Intellekt, Wille und Ego zu arbeiten, und der gröbere Wunsch wird zum Gedanken. Mit der Entfaltung dieses Gedankens steigt eine Reihe aufeinanderfolgender Gedanken auf, die in Beziehung zu diesem einen Wunsch und Gedanken stehen. Dieser ganze verwickelte Prozeß vollzieht sich im Geist in derart kurzer Zeit, daß er von einem gewöhnlichen Sterblichen nicht wahrgenommen werden kann. Nur wenn der Geist rein, subtil und einzielig ist, und wenn man den Geist und die Gedankenfunktionen gründlichst erforscht, kann man diesen höchst subtilen Vorgang genau verfolgen.

Wie schon gesagt, beruht jeder Wunsch auf einem Mangel, und Mangel gibt es nur in der Dualität. Sämtliche Wünsche und Gedanken, die im Geist aufsteigen, sind eine Folge des Dualitätsdenkens. Zum Dualitätsdenken kommt es durch das Ich-Denken, und der Ich-Gedanke ist eine Folge des Nichtwissens um die eigene wahre Natur. Befreie dich von der Unwissenheit, und das Ich-Denken verschwindet von selbst, und damit genauso auch alle Wünsche und Gedanken. Der Ich-Gedanke ist es, mit dem wir lieben oder hassen. Man wünscht sich, etwas zu besitzen, was man als nützlich und wertvoll für sein Glück ansieht. Und man möchte etwas vermeiden oder sich von etwas befreien, von dem man befürchtet, daß es einen in Schwierigkeiten, Leiden, Unglück und in Gefahren bringt. Es sind die Gegenstände der Zuneigung und der Abneigung, die Wünsche und Gedanken im Menschen hervorrufen. Jeder Wunsch und Gedanke, wie stark oder schwach er auch sein mag (entweder von geringer, mäßiger oder von intensiver Stärke), hinterläßt im Geist und Chitta (dem Reservoir des Geistes) einen Eindruck bzw. eine Spur. Wird ein Wunsch und Gedanke nicht weiter beachtet, so sinkt er nieder ins Chitta und hinterläßt dort einen sehr schwachen Eindruck, der bald von der bewußten und unterbewußten Ebene des Geistes verschwunden ist. Schenkt man einem Wunsch und Gedanken Aufmerksamkeit, so entsteht im Geist und im Speicherraum des Geistes ein Eindruck mittelmäßiger Art, der eine Zeitlang auf der bewußten Ebene bleibt. Ruft man ihn jedoch nicht wieder ins Gedächtnis zurück, so sinkt er hinunter auf die unterbewußte Ebene des Geistes und verweilt dort längere Zeit in einer subtilen Form. Und wird er auch während dieser Zeit nicht ins Gedächtnis zurückgerufen, sinkt er hinunter auf die unbewußte Ebene des Geistes und verharrt dort in seiner kausalen Form. Ist ein Mensch aber von glühender Liebe zu irgendetwas erfüllt und hängt leidenschaftlich daran, so beschäftigt er sich in seinem Wünschen und Denken ständig damit und vermittelt auf diese Weise seinem Geist und Chitta einen sehr starken Eindruck von diesem Gegenstand. Dann ist sein ganzer Geist völlig von dem Wunsch und Gedanken an diesen Gegenstand eingenommen und er hat ihn ständig vor Augen. Immer finden sich unzählbare Eindrücke der Vergangenheit und Gegenwart in ihrer gröberen, subtilen und kausalen Form im Geist und Chitta. Ein Wunsch auf der bewußten Ebene des Geistes ist ein gröberer Wunsch und ist in einem gröberen Zustand. Um Wünsche dieser Art ins Gedächtnis zu rufen, braucht man nicht tief nachzudenken. Ein Wunsch auf der unterbewußten Ebene des Geistes ist ein subtiler Wunsch und ist in einem subtilen Zustand. Um sich an einen solchen

Wunsch zu erinnern, muß man ein bißchen tiefer nachdenken. Ein Wunsch auf der unbewußten Ebene des Geistes ist ein kausaler Wunsch im kausalen Zustand. Ein gewöhnlicher Mensch kann einen solchen Wunsch selbst bei stunden- und tagelangem tiefem Nachdenken nicht ins Gedächtnis zurückrufen. Aber oft erscheinen solche verborgenen Wünsche als Träume und unbewußte Antriebe. Ein Yogi, der Samadhi erreicht hat, beherrscht diese Ebene (die unbewußte Ebene) des Geistes und erlangt damit das Überbewußtsein, d.h. er wird allwissend. Bei seinem rastlosen Umherschweifen kommt der Geist oft in Berührung mit den im Herz- und Gehirnzentrum in Form von Vibrationen lauernden gröberen und subtilen Wünschen; und plötzlich erhebt sich entsprechend der Art jenes Wunsches, mit dem der Geist in Berührung gekommen ist, ein subtiler Wunsch, der sich nun, wie oben erklärt, wiederum zu einem gröberen Wunsch und Gedanken entfaltet. Zuweilen bringen auch die Kundalini-Ströme Wünsche in ihrem kausalen Zustand vom Chitta mit sich. Und wenn diese das Herzzentrum erreichen, werden sie zu gröberen Wünschen, die sich je nach ihrer Art auf bestimmte Dinge richten. Und wenn sie schließlich das Gehirnzentrum erreichen, entfalten sie sich zu Gedanken.

Wenn man hungrig oder durstig ist, hat man den Wunsch, etwas zu essen oder zu trinken. Wenn einem heiß oder kalt ist, hat man den Wunsch, Kälte oder Wärme erzeugende Nahrung oder Getränke zu sich zu nehmen und sich an einem kühlen oder warmen Ort aufzuhalten. Wenn man austreten muß, hat man den Wunsch, eine Toilette aufzusuchen. Wenn es irgendwo am Körper schmerzt oder juckt, hat man den Wunsch und Gedanken, diese Körperstelle sanft zu reiben oder zu massieren. Solche Wünsche kommen im Geist auf, um einem körperlichen Bedürfnis Genüge zu tun; doch können sie, wenn nötig, vermieden, unterdrückt oder beherrscht werden.

Angenommen, ein junger Mann sieht eine junge schöne Frau. Ist er ein ausschweifender Mensch, so überkommen ihn unzüchtige Wünsche und Gedanken, die seinen Geist erfüllen. Lebt er dagegen in sexueller Enthaltsamkeit, oder ist er ein Mensch mit starkem Charakter, so läßt er keinerlei sinnliche Wünsche und Gedanken zu, sondern betrachtet die Frau wie eine Schwester. Wenn ein Mann seine eigene schöne junge Schwester sieht, kommen ihm keine sinnlichen Wünsche und Gedanken. Er kann so denken, weil er seinen Geist in dieser Weise geübt hat. Die Wünsche und Gedanken, die im Geist aufsteigen, entsprechen also immer dem Training, das man dem Geist zukommen ließ. Je nach der Erziehung, die der Geist in jungen Jahren erhielt, arbeitet er gewohnheitsgemäß auf eine ganz bestimmte Weise.

Wie man Wünsche beherrscht

Im Geist und Chitta (dem Reservoir des Geistes) finden sich Wünsche in ihrem gröberen, subtilen und kausalen Zustand. Alle Wünsche zu beherrschen und dann aufzugeben, ist eine herkulische Aufgabe, die über sehr lange Zeit hinweg ununterbrochene Anstrengungen erfordert. Es mag einige Menschen mit vorzüglichen Samskaras (mit hervorragenden früheren Verdiensten) geben, die diese mühsame Aufgabe innerhalb kurzer Zeit bewältigen; aber sie sind eine Ausnahme und nicht die Regel. Im allgemeinen hat ein Mensch monate- und jahrelang Tag und Nacht hart zu arbeiten, um alle Wünsche aus dem Geist zu vertreiben. Zu einer völligen Auslöschung aller Wünsche kommt es nur nach dem Erreichen von Nirvikalpa Samadhi. In diesem Zustand verschmelzen Geist und Chitta mit dem Höchsten Geist oder Brahman, und damit sind alle Wünsche sowohl in ihrem gröberen, als auch in ihrem subtilen und kausalen Zustand erloschen. Wenn der Geist eines solchen Menschen (man bezeichnet ihn als Jivan-Mukta, d.h. als einen in Freiheit Lebenden) von diesem transzendentalen Bewußtseinszustand zur Ebene relativen Bewußtseins zurückkommt, ist er nicht mehr durch Wünsche, welcher Art sie auch sein mögen, gebunden, weil er hinter allen Namen und Formen des Universums Brahman sieht, und Brahman allein. Daher vermag er das vollkommene innere Gleichgewicht unter allen Umständen und bei allen Gegensätzlichkeiten zu bewahren. Dies bedeutet nicht, daß ein Mensch nach dem Erreichen von Samadhi mit einem Stein oder einem Stück Holz zu vergleichen ist. Hier sei eine schöne Stelle aus der *Bhagavad-Gita (Kapitel II, Vers 70)* angeführt, die den Bewußtseinszustand eines *Jivan-Mukta* beschreibt: »Wie in das volle, stille Meer die Wasser fließen, so treten in den *Muni* (in einen Menschen, der Nirvikalpa Samadhi erreicht hat) alle Wünsche ein. Er, und nicht der Wünschende der Wünsche, gelangt zu Frieden«. Es mag nicht unangebracht sein, das Angeführte ein wenig zu erläutern, damit seine Bedeutung klarer wird. Wenn der Geist des *Jivan-Mukta* nach dem Erreichen von Nirvikalpa Samadhi auf die Ebene relativen Bewußtseins zurückkehrt und beginnt, Körper und Sinne wieder arbeiten zu lassen, bleibt sein Ego in geläuterter Form erhalten. Während der größere Teil seines Geistes in

Brahman oder Atman verankert bleibt, lebt er im Körper nur als Zeuge und erfüllt seine Pflichten ohne die Vorstellung von »ich« und »mein«. Solange er lebt, kommen sein Geist und seine Sinne mit Sinnesgegenständen in Berührung und erzeugen Wünsche; doch reagiert der Geist nicht auf diese Wünsche, weil er (der Jivan-Mukta) in Wirklichkeit nicht der Wünschende der Wünsche ist. Die Wünsche kommen und gehen, ohne irgendeine Reaktion im Geist hervorzurufen, geradeso wie ungezählte Flüsse ununterbrochen ihre Wasser in das Meer ergießen, das dennoch unberührt davon bleibt. Es ist sich immer gleich, bleibt immer die Fülle selbst und unbewegt. Solche Wünsche haben keine bindende Kraft. Im Grunde sollte man sie nicht Wünsche nennen. Wenn sie auch wie Wünsche erscheinen, so sind sie doch ganz anders als die Wünsche eines weltlichen Menschen. Die Asche eines verbrannten Seiles sieht aus wie ein Seil; doch kann man damit nicht binden. Genauso ist der Unterschied zwischen den Wünschen eines Erleuchteten und denen eines gewöhnlichen Sterblichen. Die Wünsche eines *Jivan-Mukta* sind wie die Asche eines verbrannten Seiles. Seine Sinne kommen mit den Sinnesgegenständen in Berührung, und sie führen dem Geist die Dinge vor Augen; doch seine Wünsche und Gedanken werden vom Feuer wahren Wissens zu Asche verbrannt, und so binden sie ihn nicht, da sie keinerlei Reaktion hervorrufen.

Bevor man das höchste Samadhi erreicht, müssen die Wünsche stufenweise beherrscht werden, d.h. zuerst muß man das Tun abstellen, zweitens die Worte, drittens die Gedanken und schließlich den Vorgang des Wünschens überhaupt. Denn aus einem Wunsch wird, wie schon gesagt, ein Gedanke; aus dem Gedanken werden

Worte, und daraus ergibt sich das Tun. Ein Wunsch und Gedanke von geringer Kraft kann leicht zurückgehalten und beherrscht werden, und der Gedanke mag sich nicht einmal zu einem Wort oder einer Tat entfalten. Ein Wunsch und Gedanke von mittlerer Kraft läßt den Menschen seinen Gedanken in Worten oder einem unentschlossenen Handeln ausdrücken. Ein starker Wunsch und Gedanke jedoch zwingt ihn, mit Entschiedenheit zu sprechen und zu handeln. Der im Geist und Chitta durch einen bloßen Wunsch und Gedanken hinterlassene Eindruck ist schwach. Gibt man diesem Wunsch und Gedanken jedoch durch Sprechen Ausdruck, so wird der Eindruck stärker und tiefer. Und führt der gleiche Wunsch und Gedanke zur Tat, so wird der Eindruck wirklich sehr stark. Ein solcher Eindruck läßt sich nicht leicht auslöschen, und sehr oft erheben sich im Geist immer wieder genau die gleichen Wünsche und Gedanken und drängen den Menschen fast ungewollt zum Handeln. Darum ist es notwendig, vorzusorgen und das Übel im Keim zu ersticken. Folgende Vorschläge können, wenn sie genau beachtet und gewissenhaft befolgt werden, von außerordentlichem Nutzen sein: –

1. Steigt ein Wunsch im Geist auf, so versuche, ihm gegenüber gleichgültig zu bleiben. Beachte ihn nicht; kümmere dich nicht um ihn; schenke ihm keinerlei Aufmerksamkeit. Laß ihn einfach kommen und gehen. Tadele den Geist nicht und lasse dich nicht beunruhigen und aufregen. Würdest du zum Wünschenden der Wünsche, so würden sie dich ergreifen und dich wie eine Puppe tanzen lassen.

2. Wer sich in Jap (in der Wiederholung des Mantra), in Meditation und Konzentration übt, und wer *Pratyahara* erreicht hat (wer den Geist beherrschen und willentlich an einem Platz oder einem Gegenstand festhalten kann), hat große Willenskraft. Er kann seine Wünsche und Gedanken willentlich zügeln und zurückhalten. Für solche Menschen gibt es nur zwei Worte, ja oder nein. Sie befehlen ihrem Geist und den Sinnen, und diese gehorchen nahezu bedingungslos. Wenn sie sich von einem Wunsch freimachen wollen, sagen sie ihm einfach: »Geh weg!«, und dann geht er. Danach ändern sie sofort die Richtung ihrer Gedanken und konzentrieren den Geist auf den Gegenstand ihrer Meditation. Auf diese Weise vermeiden sie eine Reaktion des Geistes auf ungewollte Wünsche und auf deren faszinierende Gegenstände.

3. Wenn ein starker Wunsch in deinem Geist aufkommt, so gebrauche dein Unterscheidungsvermögen. Betrachte ihn von allen Seiten und sieh, was drum und dran ist. Bedenke auch den Gewinn oder Verlust, den du haben wirst, wenn er erfüllt wird. In dieser Weise bemühe dich, von einem schlechten Wunsch frei zu werden oder ihn zu überwinden. Gebrauche auch deine Willenskraft. Sei in keiner Weise nachgiebig gegen einen solchen Wunsch. Begegne ihm mit einem unerbittlichen »Nein«. Wenn man diese Methode immer wieder anwendet, ohne den Wunsch und Gedanken zur Tat werden zu lassen, so wird die Willenskraft stärker und stärker. Übrigens kann es vorkommen, daß der gleiche Wunsch und Gedanke immer wieder auftaucht; aber wenn er jedesmal bei seinem Erscheinen gnadenlos zerschlagen wird, kann man sicher sein, daß seine Bindekraft immer schwächer und schwächer wird, bis man ihn mit der Zeit

mit Leichtigkeit beiseite schiebt und ignoriert.

4. Hab ein bestimmtes Ziel im Leben und halte daran um jeden Preis fest. Denke immer an die Heiligkeit des menschlichen Lebens und an seinen vierfachen Zweck: *Dharma, Artha, Kama* und *Moksha* (*Dharma:* ein tugendhaftes Leben in Rechtschaffenheit; *Artha:* mit rechten Mitteln erreichte Wohlhabenheit; *Kama:* rechtmäßige Freuden, die im Einklang stehen mit den Weisungen der Heiligen Schriften; und *Moksha:* das Erreichen der Freiheit). Mit anderen Worten, baue dein Leben fest auf den Felsen der Rechtschaffenheit. Bist du sicher verankert in der Rechtschaffenheit (Dharma), dann sammle Hab und Gut nach Herzenslust. An unfaire Mittel oder dunkle, nichtswürdige Praktiken sollte man nicht einmal denken. Wie schon gesagt, solltest du, der Rechtschaffenheit folgend, dein Leben und deine Wohlhabenheit im Rahmen der Weisungen der Heiligen Schriften in rechter Weise nutzen. Dies heißt, du solltest in deinen Freuden nicht selbstsüchtig und unvernünftig sein, noch zum Sklaven von Geist und Sinnen werden; vielmehr solltest du sie immer unter Kontrolle nehmen. Gegenüber allen lebenden Wesen solltest du freundlich, sanft und gütig sein. Indem du so Ordnung in dein Leben bringst und Selbstdisziplin übst, muß es dein Ziel und Streben sein, zur Freiheit (Moksha) zu gelangen. Wenn man dies vierfache Ziel des Lebens immer vor Augen hat, ist es leicht, schlechte Wünsche, Gedanken und Handlungen zurückzuhalten und zu beherrschen.

5. Sobald ein unguter Wunsch und Gedanke im Geist aufkommt, versuche, einen entsprechenden guten Wunsch und Gedanken herbeizurufen, um damit den bösen zu überwinden.

6. Du kannst ein Feuer nicht löschen, indem du es mit Öl oder Benzin übergießt. Die Flamme wird dadurch nur noch mehr entfacht und das Feuer greift immer mehr um sich. Genauso kannst du auch deine Wünsche nicht durch das Erreichen der gewünschten Gegenstände auslöschen. Wenn du einen gewünschten Gegenstand in deinen Besitz gebracht hast, stellen sich Hunderte von neuen Wünschen ein, die im Zusammenhang mit diesem Gegenstand stehen, der dir doch nur eine vorübergehende Freude verschafft. Was danach kommt, ist nicht endendes Leid und Unglück. Nur durch Zügelung und Beherrschung aller Wünsche kann man zu Frieden und Seligkeit kommen. Halte sie zurück, bezähme und beherrsche sie, bevor sie zu stark werden, sonst wirst du ewig unglücklich sein.

7. Ersetze unlautere und unrechte Wünsche durch reine und gute. Laß tugendhafte Wünsche den Platz der lasterhaften einnehmen. Wenn dir dies gelingt, gib einem Wunsch (den Wunsch, Samadhi zu erreichen) den Vorrang, so daß er alle anderen Wünsche überragt. Wenn dir auch dies gelingt, solltest du darüber hinausgehen und dich bemühen, vollkommen wunschlos zu werden. Dies bedeutet nichts anderes, als Nirvikalpa Samadhi zu erreichen.

8. Der Wunsch nach Gottverwirklichung ist kein eigentlicher Wunsch, weil damit die Auslöschung aller anderen Wünsche verbunden ist. Wird das Verlangen nach Gottverwirklichung sehr stark, so erlöschen sämtliche anderen Wünsche im Geist. Um dies jedoch zu erreichen, sind Selbstüberwindung, Selbstdisziplin, Entsagung und die Einhaltung von Brahmacharya in Gedanken, Wort und Tat höchst wesentlich.

9. Unterscheide zwischen dem Wirklichen und dem

Unwirklichen. Entsage dem Unwirklichen und halte dich an das Wirkliche. Das Wirkliche ist Brahman. Es ist die letzte Wahrheit; alles andere ist Täuschung. Halte dich an Brahman und mache dich von allen weltlichen Dingen frei. Denke immer an Gott. Sein heiliger Name sei ständig auf deinen Lippen. Laß Seinen Namen mit jedem Einströmen und Ausströmen des Atems verbunden sein. Erfülle Geist und Chitta (das Reservoir des Geistes) mit der Schwingung seines Namens. Laß Geist und Chitta völlig ausgefüllt sein von der Liebe Gottes und dem Wunsch, mit Ihm eins zu sein. Laß diesen Gedanken (*Vritti*) sogar in deinem Schlaf weiterschwingen. Wenn es dir durch regelmäßiges, systematisches und hartes Bemühen gelingt, diesen mächtigen Wunsch (dies *Vritti* oder *Samskara*) im Geist und Chitta ununterbrochen festzuhalten, verblassen alle anderen Wünsche, und selbst wenn sie sich einstellen, würden sie nicht deine innere Ruhe und Seligkeit stören. Wie schon gesagt, sind die früheren Eindrücke von Wünschen, Gedanken und Taten die Ursache unserer jetzigen Wünsche, Gedanken und Taten. Und wenn wir nun einen starken und mächtigen Wunsch erzeugen, wird er alle vergangenen Wünsche überragen. Wir können auch noch über diesen einen Wunsch hinausgehen und Samadhi und ewigen Frieden und unvergängliche Seligkeit erreichen. Dies ist eines der Hauptziele von Mantra-Jap, das entschieden eine der leichtesten und wirksamsten Methoden ist, aller Wünsche Herr zu werden und sich von ihnen zu befreien, um den Bewußtseinszustand von Nirvikalpa Samadhi zu erreichen.

13. Meditation

Im allgemeinen versteht man unter Meditation tiefes Nachdenken und ernste Überlegungen und Erwägungen über irgendwelche Dinge. Im geistigen Sinne jedoch bedeutet Meditation ernsthaftes Nachdenken des Menschen über seine Ishta-Devata und sein Ishta-Mantra (über Gott und seinen Namen), es ist ein ständiges Verweilen darin und tiefes Eintauchen in die göttlichen Eigenschaften der Ishta-Devata. Wie schon gesagt, ist der Geist etwas sehr Subtiles und ohne eigene Farbe und Form, doch nimmt er die Farbe und Form des Gedankengegenstandes an. Im allgemeinen kann der Geist Gott nicht ohne Zuhilfenahme eines Namens und einer Form erfassen. Die Form mag gröberer oder subtilerer Art sein. Wenn man sich nun ständig den Namen Gottes (das Mantra) vergegenwärtigt und in der göttlichen Form lebt, so nimmt der Geist diese göttliche Form an und macht sich von allen früheren unlauteren und unrechten Wünschen und Gedanken frei. Meditation ist der Schlüssel zur Reinheit von Geist und Herz. Ohne Meditation ist kein Wissen und keine Weisheit möglich. Wenn wir ernsthaft an Gott denken und auf Ihn und Seine Macht und Herrlichkeit meditieren, beginnt der Geist, ständig in diesen hohen, edlen und subtilen Gedanken zu leben; und langsam aber sicher wandelt er sich, bis er im Laufe der

Zeit diese sehr edlen und erhabenen Eigenschaften selbst verwirklicht. Der Geist eines gewöhnlichen Menschen dagegen, der sich ständig mit den profanen, weltlichen Gegenständen der Sinne beschäftigt, wird unrein, schwach und verdorben. Kurz gesagt, Aufstieg und Abstieg eines Menschen hängen völlig von seinen eigenen Wünschen und Gedanken ab.

Es gibt zwei Arten der Meditation: Saguna (mit Form) und Nirguna (ohne Form). Als Saguna Meditation bezeichnet man die tiefe Versenkung in die Gestalt der Ishta-Devata (der Gottheit, die man am meisten schätzt und liebt) im eigenen Herzzentrum, und in ihre göttlichen Eigenschaften. Nirguna Meditation heißt die tiefe Versenkung in den formlosen Aspekt Brahmans. Für einen gewöhnlichen Sterblichen ist es leichter und sicherer, auf den Saguna Aspekt Gottes zu meditieren, weil er nicht ohne Zuhilfenahme eines Namens und einer Form denken kann. Den formlosen Aspekt Gottes zu erfassen, ist sehr schwierig, und sich in ihn zu versenken, noch schwieriger. Allein in Nirvikalpa Samadhi kann er begriffen, verstanden und verwirklicht werden. Nur in diesem Bewußtseinszustand gibt es das reine Adwaita (die absolute Einheit). Für jeden anderen Bewußtseinszustand bedeutet das Leben Wahrnehmung von Dwaita (von Dualität). Ein ungeläuterter Geist kann an die höchste Wirklichkeit nur unter Zuhilfenahme eines Namens und einer Form denken.

Wie man auf Bilder und Formen meditiert

Der Guru (der geistige Lehrer) wählt für den Schüler eine Ishta-Devata und ein Ishta-Mantra, die dessen Geschmack und Neigung entsprechen. Manche äußern bei großen Schmerzen und in Todesangst spontan den Namen eines Gottes oder einer Göttin, d.h. den Namen ihrer Ishta-Devata. Dieser Name kommt aus dem Chitta (der unbewußten Ebene bzw. dem Reservoir des Geistes) und stammt aus früheren Samskaras (aus Eindrücken in der Vergangenheit), d.h. es ist der Name des Gottes oder der Göttin, die man im vorigen Leben verehrt hat, und von denen die Eindrücke auf der unbewußten Ebene des Geistes noch da sind. Man kann auch eine außergewöhnliche Persönlichkeit, eine Inkarnation Gottes, einen Messias, Propheten oder Heiligen, den man ganz besonders schätzt, liebt und verehrt, wählen. Und wer je schöne Träume von Göttern, Göttinnen, Engeln, Heiligen und dergl. gehabt hat, kann eine solche Gestalt zum Gegenstand seiner Meditation nehmen.

Angenommen, du hast deine Ishta-Devata und dein Ishta-Mantra gewählt und möchtest mit der Meditation beginnen; verfahre dann folgendermaßen: sitze aufrecht und befolge alle Weisungen, wie sie in dem Kapitel über »Asanas« gegeben wurden. Bringe deinem Guru und deiner Ishta-Devata im Herzzentrum deine Verehrung dar und erfülle deinen Geist mit folgenden Gedanken: »Brahman (die höchste Wirklichkeit) ist formlos; doch kann es auch ungezählte Formen annehmen. Brahman ist größer als das größte und kleiner als das kleinste aller Dinge. Brahman ist überall und in allem. Es ist reines Sein, reines Wissen und absolute Seligkeit (Sat-Chit-Ananda). Das gleiche unendliche und ewige Brahman lebt in der Gestalt meiner Ishta-Devata, und meine Ishta-Devata ist mein Atman (mein eigenes Selbst) im Herzzentrum.« Stelle dir vor und fühle, wie deine Ishta-Devata tatsächlich in deinem Herzzentrum auf einem voll erblühten achtblättrigen Lotos sitzt, mit einem strahlenden Körper, lächelndem Gesicht und leuchtend von silbrigem göttlichem Licht. Nun überlege dir, welche der guten Eigenschaften du in dir entwickeln möchtest, um dich von den schlechten zu befreien; es mögen folgende sein: Wahrhaftigkeit, Brahmacharya (sexuelle Enthaltsamkeit), reine Liebe, Barmherzigkeit, Selbstlosigkeit, Kraft, gute Gesundheit, Charakter, Reinheit, Zufriedenheit usw. Meditiere auf sie mit deinem ganzen Herzen und mit all deiner Kraft. Nehmen wir z.B. an, du hättest dich zu »Rama« als deiner Ishta-Devata und zu »Jai Rama« als deinem Ishta-Mantra entschlossen. Deine Meditation wäre dann folgendermaßen:

Sri Rama ist Sat-Chit-Ananda Brahman, ist reines Sein, reines Wissen und absolute Seligkeit –
Jai Rama, Jai Rama, Jai Rama,
Sri Rama ist das alldurchdringende Brahman –
Jai Rama, Jai Rama, Jai Rama,
Sri Rama ist allmächtig und der Herr des Universums –
Jai Rama, Jai Rama, Jai Rama,
Sri Rama ist Reinheit und Vollkommenheit in allem –
Jai Rama, Jai Rama, Jai Rama,
Sri Rama ist das Meer der Freundlichkeit und Barmherzigkeit –
Jai Rama, Jai Rama, Jai Rama,
Sri Rama ist die Ursache aller Ursachen –
Jai Rama, Jai Rama, Jai Rama,
Sri Rama ist das Leben allen Lebens –
Jai Rama, Jai Rama, Jai Rama,
Sri Rama ist mein eigenes Atman –
Jai Rama, Jai Rama, Jai Rama,

Sri Rama ist der Inbegriff der Wahrheit und Wahrhaftigkeit –
Jai Rama, Jai Rama, Jai Rama,
Sri Rama ist der Inbegriff von Brahmacharya –
Jai Rama, Jai Rama, Jai Rama,
Sri Rama ist der Inbegriff reiner Liebe –
Jai Rama, Jai Rama, Jai Rama,
Sri Rama ist der Inbegriff der Nächstenliebe –
Jai Rama, Jai Rama, Jai Rama,
Sri Rama ist der Inbegriff der Selbstlosigkeit –
Jai Rama, Jai Rama, Jai Rama,
Sri Rama ist der Inbegriff der Kraft –
Jai Rama, Jai Rama, Jai Rama,
Sri Rama ist der Inbegriff vollkommener Gesundheit –
Jai Rama, Jai Rama, Jai Rama,
Sri Rama ist der Inbegriff von Charakterstärke –
Jai Rama, Jai Rama, Jai Rama,
Sri Rama ist der Inbegriff der Zufriedenheit –
Jai Rama, Jai Rama, Jai Rama.

Dies ist ein Beispiel dafür, wie man sich in der Meditation üben kann. Vergiß, während du meditierst, die ganze Welt, deine Umgebung und sogar deinen eigenen Körper. Fange so an, wie oben angeführt, gehe die Reihe durch und beginne wieder von vorne. Meditiere auf diese Weise ohne Unterbrechung von einer halben Stunde bis zu drei Stunden. Beginne mit fünfzehn bis dreißig Minuten und verlängere die Zeit langsam, aber stetig. Wenn du rasch vorwärtskommen möchtest, mußt du viermal täglich meditieren: morgens, mittags, abends und um Mitternacht. Und in der übrigen Zeit beschäftige deinen Geist ständig und völlig mit Gedanken an deine Ishta-Devata und dein

Ishta-Mantra. Fahre so fort, bis mit der Zeit alles was du tust, essen, trinken, gehen, sprechen, sitzen, schlafen usw. zu einer Art Gottesdienst wird. Ja, sogar das Schlagen deines Herzens sollte zu einer Art Gottesdienst werden. Wenn dir dies gelingt und das göttliche Bewußtsein erwacht, wirst du noch in diesem Leben wahren Frieden und unvergängliche Seligkeit finden und den Himmel auf Erden haben. Doch ist es keineswegs leicht, sich ganz in diesem Gedanken zu verankern. Der Geist, die Sinne und das Ego täuschen den Sadhaka (den geistig Strebenden) in so mancherlei Weise. Es liegt in ihrer Natur, in die Irre zu gehen. Immer suchen sie nach einer Gelegenheit, den Menschen nach unten zu ziehen. Man muß darum sehr wachsam und vorsichtig sein. Ein Sadhaka muß unendliche Geduld und Ausdauer haben. Niemals sollte er niedergeschlagen sein, auch nicht bei Irrtümern und Fehlschlägen. Es wird immer Fehlschläge geben. Nur wissentlich sollte man niemals etwas falsch machen. Mit Mut, Kraft, Vertrauen und Hoffnung, mit großem Ernst und in aller Aufrichtigkeit sollte man weiterarbeiten, und der Erfolg wird nicht lange auf sich warten lassen.

Schwierigkeiten bei der Meditation

Um meditieren zu können, muß der Geist schon einigermaßen trainiert sein. Von vielem muß man sich freimachen. Man muß ständig wachsam und aufmerksam sein. Die Sinne müssen unterworfen und in Schranken gehalten werden. Der umherschweifende Geist muß unter Kontrolle genommen, zum Stillstand gebracht und gleichsam in einem Punkt festgehalten werden. Regelmäßige und planvolle geistige Arbeit bringt die Neigung des Geistes zum

Umherschweifen mehr und mehr zum Verschwinden. Wünsche sind es, die dem Geist seine Reinheit nehmen, und Unlauterkeit wiederum führt zu Ruhelosigkeit. Möchte man einen reinen Geist, so muß man allen Wünschen entsagen.

Am Anfang pflegt der Geist ruhelos umherzuschweifen. Er springt hierhin und dorthin, von Gegenstand zu Gegenstand. Wie Wellen im Meer erheben sich unzählige Wünsche und Gedanken, einer nach dem anderen. Sogar schlechte und sündhafte Gedanken, an die man in seinem ganzen Leben nicht einmal im Traum gedacht hat, können während der Meditation im Geist aufsteigen. Dies kann in der ersten Zeit vorkommen, und man muß darauf vorbereitet sein, um mit solchen Störungen und Schwierigkeiten fertigzuwerden. Der Geist gerät in einen schrecklichen Zustand. Viele Sadhakas bekommen einen Schreck. Sie sind voller Angst. Und in äußerster Verzweiflung geben sie die Arbeit und alle Bemühungen auf. Dies ist ein großer Fehler, und sie schaden sich selbst damit. Manche stellen auch die Frage: »Wie kommt der Geist auf derartige Dinge? Warum hat man während der Meditation böse, herabziehende und gemeine Gedanken?« Dafür gibt es einen triftigen Grund. Nimm eine Tasse mit schmutzigem Wasser und lasse das Wasser darin etwa eine Stunde lang ruhig stehen. Die Schmutzteilchen werden niedersinken und sich auf dem Boden der Tasse absetzen, und oben wird das Wasser verhältnismäßig klar erscheinen. Nun rühre das Wasser um. Das Wasser wird wieder schmutzig. Wenn du aber das Wasser mehrmals durch ein Tuch filterst und dann stehen läßt, wird man keine Unreinheiten mehr auf dem Boden finden, selbst wenn du wieder darin herumrührst. Dies Beispiel kann es einem verständlich machcn: das Wasser kann mit dem Geist verglichen werden; die klar erscheinende Oberfläche des Wassers mit der bewußten Ebene des Geistes; das unreine Wasser mit den unzähligen Eindrücken (den Samskaras) des Geistes; die Schmutzteilchen, die sich auf dem Boden der Tasse absetzen, mit der unbewußten Ebene des Geistes im Chitta (dem Reservoir des Geistes);* und die Meditation mit dem Umrühren und Filtern des Wassers. Im allgemeinen kennt und beurteilt der Mensch seinen Geist nach der bewußten Ebene, weil er sich der Dinge auf der unterbewußten und unbewußten Ebene des Geistes nicht bewußt ist. Der weitaus größere Teil der Erfahrungen aus diesem Leben und aus Äonen und aber Äonen vergangener Geburten verharrt im Chitta (im Reservoir des Geistes) in kausaler Form. Jedes tiefe Nachdenken ist ein Versuch, forschend in die unbewußte Ebene des Geistes vorzudringen. Meditation ist wie ein Herumrühren im Wasser, wodurch die Teilchen, die am Boden liegen, nach oben kommen. So geschieht es, daß unzählige frühere Wünsche und Gedanken, gute oder schlechte und sündhafte, durch die Meditation aus ihrer Ruhe im kausalen Zustand aufgescheucht werden und in die bewußte Ebene einströmen. Die Aufgabe eines Sadhaka ist es, den Schmutz und die Unreinheiten des Geistes und des Chitta durch regelmäßige und systematische geistige Übungen (Sadhana), durch Mantra-Jap (die Wiederholung des Mantra), durch Tap (Meditation), und durch Unterscheidung und Leidenschaftslosigkeit gegenüber weltlichen Dingen zu entfernen. Hat man sich von allen diesen Wünschen befreit, wird der Geist still und ruhig und man erreicht den

* Siehe Anmerkung auf Seite 82.

Bewußtseinszustand des Yoga. Beharrliche und planmäßige Meditation ist also das Mittel, wodurch man Geist und Chitta läutern kann. Unerschütterliche Weisheit, große Konzentrationsfähigkeit und Verfeinerung des Geistes sind untrügliche Zeichen der wiedergewonnenen Reinheit.

Am Anfang ist es also nicht leicht, zu meditieren. Der Geist ist zerstreut, man fühlt sich müde und die Meditation erscheint einem langweilig. Doch ist unendliche Geduld und Ausdauer der Preis für Fortschritt und Erfolg. Es gibt auch noch andere Schwierigkeiten. Oft fällt es einem Anfänger schwer, sich seine Ishta-Devata im Herzzentrum vorzustellen. Er sollte sich helfen, indem er während der Wiederholung des Mantra (Jap) und der Meditation eine Figur, ein Bild oder ein Photo von seiner Ishta-Devata vor sich hinstellt und versucht, sich darauf zu konzentrieren. Man darf ein Bild oder eine Figur nicht als bloßes Bild oder bloße Figur ansehen. Man sollte sie als die lebendige Gestalt seiner Ishta-Devata betrachten, der man von Angesicht zu Angesicht gegenübersteht. Man sollte unendlichen Glauben haben. Wirklicher Glaube kann Wunder wirken und er fördert die Konzentration des Geistes. Wenn man sich eine Zeitlang dieser äußeren Hilfen bedient hat und regelmäßig meditiert (der Fortschritt hängt einzig und allein von den ernsthaften und richtigen Bemühungen ab), kann man damit beginnen, innerlich zu meditieren. Mit der Zeit sollte man nun auch die Augen schließen und versuchen, sich die Figur oder das Bild seiner Ishta-Devata im Herzzentrum vorzustellen. Dies ist die sicherste Methode, durch die man nach einigem Bemühen lernt, sich seine Ishta-Devata innerlich bzw. geistig vorzustellen.

Ist diese Schwierigkeit überwunden, tauchen einige andere auf. Manchen gelingt es leicht, auf das Herzzentrum zu meditieren, während es anderen schwerfällt. Sie sollten darum versuchen, den Geist entweder auf den Scheitelpunkt des Kopfes, d.h. aufs Gehirnzentrum zu konzentrieren, oder zwischen den Augenbrauen, oder im Manipura Chakra (in der Nabelgegend), oder im Muladhara Chakra (dort, wo Harnröhre und After zusammentreffen). Die rechte Wahl kann jeder nach einigem Bemühen oder nach Beratung mit seinem Guru (seinem geistigen Lehrer) leicht selber treffen.

Nachdem man den richtigen Guru gewählt hat, sollte man, was auch kommen mag, an ihm festhalten. Niemals sollte man überstürzt einen Guru wählen. Bevor man ihn annimmt, sollte man ihn genau beobachten, und auch der Guru sollte den Schüler erst kennenlernen. Wenn dann beide nach gegenseitigem Prüfen miteinander zufrieden sind, sollte die Verbindung aufgenommen und die Einweihung feierlich vorgenommen werden. Eine überstürzte Annahme irgendeines Menschen als Guru würde die ganze geistige Laufbahn ruinieren und in Zweifel, Versagen und völligem Untergang enden. Niemals sollte man ohne die Zustimmung des Guru zu einem anderen Mantra oder einer anderen Ishta-Devata übergehen. Hat man sich einmal zu einer bestimmten Körperstelle als Zentrum der Meditation entschlossen und sich für einen bestimmten vorgezeichneten Weg entschieden, sollte man nicht mehr davon abweichen. Wie man beim Graben nach Wasser immer an einer Stelle graben muß, so ist es auch mit der Meditation bzw. mit Sadhana (mit den geistigen Übungen). Wenn man sechs Fuß tief an einer Stelle gräbt und dann den Platz verläßt und zwölf Fuß tief an einer anderen

Stelle gräbt usw. usw., wird es einem niemals gelingen, die Wasserader zu erreichen und zu Wasser zu kommen. So ist es auch mit den geistigen Übungen (mit Sadhana), wenn man immer wieder den Guru, das Mantra, die Ishta-Devata und die Arbeitsmethode wechselt. Der unruhige Geist spielt einem Streiche und macht einem etwas vor. Es liegt nicht gerade in seiner Natur, an irgendeinem bestimmten Sadhana (an bestimmten geistigen Übungen) festzuhalten. Er liebt die Veränderung. Wenn man mit Mantra-Jap (der Wiederholung des Mantra) und mit der Meditation beginnt, zeigt er sich am Anfang interessiert und froh. Nach einigen Tagen jedoch wird es ihm sehr langweilig, besonders während einer Reaktionsperiode. Es ist eine gefährliche Zeit mit schwerwiegenden Folgen. Viele geben ihre Bemühungen (Sadhana) ganz auf oder gehen einen anderen Weg mit anderen Methoden. Der geistige Fortschritt kommt zum Stillstand, und diese Menschen werden im allgemeinen weit zurückgeworfen. Während der Zeit der Aktivität arbeitet der Geist gut, die körperliche Gesundheit ist in Ordnung, die Umgebung erscheint förderlich, und alles sieht sehr erfreulich und zufriedenstellend aus. Die Neigung des Geistes zu Schwachheiten und Schlechtigkeiten wird zurückgehalten, und der Mensch hat das Gefühl, daß er schnell vorankommt, und daß das Erreichen von Samadhi nur noch eine Sache von Tagen ist. Dann aber kommt die Reaktion, und nun läßt die körperliche Gesundheit nach; an Jap und Tap (der Wiederholung des Mantra und der Meditation) findet man keinen Gefallen mehr, und die unterdrückten Neigungen des Geistes zu Schlechtem und Bösem gewinnen die Oberhand. Nimmt sich der Sadhaka während dieser Zeitperiode nicht zusammen, und führt er seine täglichen Übungen nicht gewohnheitsgemäß und gewissenhaft fort, so läuft er Gefahr, einen gewaltigen Rückschlag zu erleiden. Allein durch regelmäßige und systematische Arbeit und mit Vertrauen, Geduld und Ausdauer kann diese Zeit erfolgreich überstanden und können Gefahren und Irrwege vermieden werden. Bei manchen tritt eine solche Reaktion öfters auf und dauert jedesmal einen oder zwei Tage. Bei anderen kommt sie gelegentlich, aber ist dann sehr heftig und dauert viele Tage. Es ist eine Zeit, in der man äußerst wachsam und auf der Hut sein muß. Am besten kommt man über die Schwierigkeiten hinweg, wenn man während dieser Zeit bei seinem Guru sein kann; und wenn dies nicht möglich ist, sollte man die Gesellschaft von heiligen und frommen Menschen aufsuchen, sich dem Gebet widmen und dabei ein leichtes Fasten einhalten.

Angenommen, du hast deinen Guru, deine Ishta-Devata, dein Ishta-Mantra und einen Platz für die Meditation gefunden und führst deine geistigen Übungen (dein Sadhana) ohne Unterbrechung regelmäßig und planmäßig aus. Wenn es dir dann bei deinen Übungen gelingt, den Geist willentlich auf irgendeine Stelle oder auf dein Meditationsobjekt zu konzentrieren, und wenn du ihn dort wenigstens einige Sekunden lang festhalten kannst, hast du bestimmt gute Fortschritte gemacht. Diese Stufe, d.h. wenn man den Geist auf eine Stelle konzentrieren und dort für ein paar Sekunden festhalten kann, wird im Raja-Yoga Pratyahara genannt. Doch selbst wenn man Pratyahara erreicht hat, ist das Ziel noch weit entfernt. Du hast immer noch hart zu arbeiten, um zur Meditation zu kommen. Während der Meditation wirst du bemerken, daß der Geist von hier nach dort und von Gegenstand zu Gegenstand wandert. Die Lippen wiederholen das Mantra, der größere Teil deines Geistes jedoch beschäftigt sich mit irgendwelchen äußeren faszinierenden Dingen. Ein Gedanke taucht auf, und dein Geist beschäftigt sich eine Zeitlang damit; dann kommt plötzlich ein anderer Gedanke, und der vorige verschwindet; und so geht es weiter. Unzählige Gedanken kommen und gehen; doch du solltest dich davon nicht beunruhigen lassen. Kümmere dich nicht darum und überanstrenge den Geist nicht, indem du gegen diese Wünsche und Gedanken anzukämpfen versuchst. Um mit dieser Situation fertigzuwerden, kannst du Folgendes tun:

1. Fahre fort mit der Wiederholung des Mantra (mit Jap) und meditiere weiter. Laß die Wünsche zwanglos kommen und gehen. Beachte sie nicht. Schenke ihnen keine Aufmerksamkeit. Bleibe unbeteiligt. Doch ziehe dann und wann den Geist davon ab und bringe ihn zu Füßen deiner Ishta-Devata.

2. Laß die Gedanken kommen und gehen. Wenn ein Gedanke aufsteigt, erlaube dem Geist, sich ganz und gar mit diesem einen Gedanken zu beschäftigen, während du selbst Zeuge bleibst. Bei genauer Beobachtung wirst du bemerken, daß der Geist es nicht gern hat, sich nur mit diesem einzigen Gedanken und Gedankengegenstand zu befassen. Er möchte ihn lassen und zu einem anderen übergehen. In diesem Augenblick, wenn er davonlaufen und sich einem anderen Gedanken zuwenden will, gib ihm sozusagen einen Stoß und versuche, ihn auf den Ort und Gegenstand deiner Meditation hinzulenken. Wenn du diese Methode regelmäßig und beharrlich anwendest, läßt die Neigung des Geistes zum Umherschweifen mit der

Zeit immer mehr nach, und der Geist wird rein, subtil und einzielig.

3. Wenn während der Meditation ein Gedanke im Geist aufsteigt, so versuche, ihn zu vertreiben. Sage ihm: »Verschwinde, du Narr.« Wiederhole dein Mantra kraftvoll und schnell, so daß allein die Schwingung des Mantra im Geist und Chitta vibriert. Diese Methode kann nur von einem fortgeschrittenen Sadhaka angewandt werden, und nicht von allen und jedem.

4. Der leichteste Weg, zur Meditation und Konzentration zu kommen, ist I. den Geist ständig mit der Wiederholung des Mantra (mit Mantra-Jap) zu beschäftigen, und II. an seine Ishta-Devata (die erwählte Gottheit) zu denken; ihre Gegenwart zu fühlen; sie vor Augen zu haben; Geist, Körper und alles ihr zu weihen; und immer und zu jeder Zeit alles Tun zu einer Art Gottesdienst oder Opferhandlung werden zu lassen. Wenn man dies fertigbringt, werden der Geist und die Chitta-Vrittis (sozusagen die Aufnahmezellen im Chitta) nur den einen starken Eindruck bzw. das eine starke Samskara der Erinnerung Gottes empfangen. Dann wird der Mensch während der Meditation von keinen äußerlichen Gedanken mehr gestört und es wird ihm möglich, sich wirklich zu konzentrieren.

5. Gebrauche dein Unterscheidungsvermögen. Wenn ein Gedanke kommt, so versuche, ihn zu analysieren und von jeder Seite zu beleuchten. Laß keine Schwäche aufkommen und hab kein Erbarmen mit ihm. Unterscheide, was wirklich und was unwirklich ist. Halte dich an das Wirkliche und löse dich vom Unwirklichen. Wenn du dies aufrichtig und fortwährend tust, wird die Neigung des Geistes zum Umherschweifen bald verschwinden. Mit

dieser Methode wird die bindende Kraft der Gedanken, selbst wenn sie wiederholt im Geist auftauchen, immer geringer, bis sie ganz aufhört.

14. Meditation auf »OM«

Erste Übung

Meditation auf »OM« bzw. auf den formlosen Aspekt Brahmans (Nirguna Meditation): Zuerst stelle dir die Frage, wer bin ich? Und dann beantworte sie wie folgt:

Ich bin nicht dieser physische Körper–
Om, Om, Om, Om, Om.
Ich bin nicht die Sinne – Om, Om, Om, Om, Om.
Ich bin nicht die Sinnesobjekte – Om, Om, Om, Om, Om.
Ich bin nicht der Geist – Om, Om, Om, Om, Om.
Ich bin nicht der Wille – Om, Om, Om, Om, Om.
Ich bin nicht das Ego – Om, Om, Om, Om, Om.
Ich bin nicht der Intellekt – Om, Om, Om, Om, Om.
Ich bin nicht einmal das Prana – Om, Om, Om, Om, Om.
Nein, ich bin keines von diesen Dingen. Ich bin Sat-Chit-Ananda (reines Sein, reines Wissen und absolute Seligkeit) Brahman, Eines ohne ein Zweites –
Om, Om, Om, Om, Om.
Ich bin Brahma (der Schöpfer) und seine Shakti (Kraft)
– Om, Om, Om, Om, Om.
Ich bin Vishnu (der Erhalter) und seine Shakti –
Om, Om, Om, Om, Om.
Ich bin Shiva (der Zerstörer) und seine Shakti –
Om, Om, Om, Om, Om.

Ich bin der Gott der Götter – Om, Om, Om, Om, Om.
Ich bin der Herr der Herren – Om, Om, Om, Om, Om.
Ich bin das Licht der Lichter – Om, Om, Om, Om, Om.
Ich bin die Kraft der Kräfte – (m, Om, Om, Om, Om.
Ich bin das höchste Purushottama (der höchste Gott), das Ewige – Om, Om, Om, Om, Om.
Ich kenne keine Geburt – Om, Om, Om, Om, Om.
Ich kenne kein Wachstum – Om, Om, Om, Om, Om.
Ich kenne keinen Verfall – Om, Om, Om, Om, Om.
Ich kenne keinen Tod – Om, Om, Om, Om, Om.
Ich habe kein Geschlecht – Om, Om, Om, Om, Om.
Ich gehöre keiner Kaste an – Om, Om, Om, Om, Om.
Ich habe kein Glaubensbekenntnis – Om, Om, Om, Om, Om.
Ich habe keine Hautfarbe – Om, Om, Om, Om, Om.
Ich kenne keine Furcht – Om, Om, Om, Om, Om.
Ich kenne keine Gelüste – Om, Om, Om, Om, Om.
Ich kenne keinen Zorn – Om, Om, Om, Om, Om.
Ich kenne keine Begierde – Om, Om, Om, Om, Om.
Ich kenne keine Verblendung – Om, Om, Om, Om, Om.
Ich kenne keinen Stolz – Om, Om, Om, Om, Om.
Ich kenne keinen Haß – Om, Om, Om, Om, Om.
Ich kenne keine Täuschung – Om, Om, Om, Om, Om.
Ich habe keine Wünsche – Om, Om, Om, Om, Om.
Ich kenne keine Schwäche – Om, Om, Om, Om, Om.
Ich bin immer rein, immer vollkommen (Purna), ich bin das Höchste Brahman, Eines ohne ein Zweites – Om, Om, Om, Om, Om.
Kein Schwert kann mich verletzen – Om, Om, Om, Om, Om.
Der Wind kann mich nicht austrocknen – Om, Om, Om, Om, Om.

Das Wasser kann mich nicht nässen –
Om, Om, Om, Om, Om.
Das Feuer kann mich nicht brennen –
Om, Om, Om, Om, Om.
Ich bin ungeboren – Om, Om, Om, Om, Om.
Ich bin unsterblich – Om, Om, Om, Om, Om.
Ich bin wandellos und unveränderlich –
Om, Om, Om, Om, Om.
Ich bin ewig und unendlich – Om, Om, Om, Om, Om.
Ich bin Sat-Chit-Ananda Brahman, Eines ohne ein Zweites – Om, Om, Om, Om, Om.

Nachdem du eine sichere Haltung (einen festen Sitz) eingenommen hast, wiederhole die Formel in tiefem Glauben (*Shraddha*) und mit intensivem Gefühl (*Bhava*) immer wieder vom Anfang bis zum Ende. Fühle bei jedem Satz, den du sprichst, wie dein ganzer Körper und dein ganzer Geist vollkommen von der entsprechenden göttlichen Eigenschaft erfüllt werden. Fühle dies fortwährend. Sprich das Mantra in tiefem Glauben und mit tiefer, fester Überzeugung. Fühle es mit deinem ganzen Herzen, daß du nicht der vergängliche Körper bist und nicht die Sinne, sondern der ewige, unendliche Geist. Außer während der Meditation wiederhole diese Formel und das Mantra auch während deiner verschiedenen täglichen Tätigkeiten. Der Zweck ist der, mit dem Geist die ganze Zeit im Selbst bzw. in Brahman zu verweilen, dem Geist einen starken Eindruck von der Nichtigkeit der flüchtigen Sinnesfreuden und Sinnesgegenstände zu geben und so alle Schwächen, alle Verlockungen der Sinne, alle Anhänglichkeit an den Körper und alle Täuschungen zu überwinden.

Zweite Übung

Erweitere den Gesichtskreis deines Geistes durch folgende Gedanken:

Ich bin das höchste Brahman – Om, Om, Om, Om, Om.
Brahman ist alldurchdringend, ohne Anfang und ohne Ende – Om, Om, Om, Om, Om.
Millionen und Milliarden von Welten wie diese sind nur ein Staubkorn in der Unendlichkeit (in Brahman). Millionen und Milliarden von Welten wie diese steigen in jeder Sekunde – wie Blasen im unermeßlichen Meer – in der Unendlichkeit auf – oder zerfallen in Trümmer. Was ist da unsere Welt? Welche Bedeutung hat sie im Vergleich mit der Unendlichkeit? Wenn aber selbst diese Welt in der Unendlichkeit keine Bedeutung hat, wie steht es mit den sogenannten Reichen dieser Welt und den weltlichen Dingen? Wie mit dem Körper, dem Geist und den Sinnen? Welchen Wert haben sie im Vergleich mit der Unendlichkeit? Alle diese Dinge sind vergänglich, vorübergehend und falsch. Ich bin keines dieser Dinge. Ich bin Sat-Chit-Ananda Brahman, Eines ohne ein Zweites –

Om, Om, Om, Om, Om.

Wenn ich das höchste Brahman bin, wie können mich niedrige, gemeine und vergängliche Dinge der Welt und der Sinne anziehen, mich entzücken und irreführen? Nichts kann mich schwach machen. Nichts kann mich irreführen. Nichts kann mich herabziehen. Für mich gibt es keine Täuschung und keine Abhängigkeit. Ich bin der höchste Geist. Ich bin Sat-Chit-Ananda Brahman, Eines ohne ein Zweites –

Om, Om, Om, Om, Om.

Fahre so fort mit der Unterscheidung und erweitere auf diese Weise den Horizont des Geistes. Wiederhole die Formel immer wieder mit aller Kraft und in tiefem Glauben. Dies wird dir sehr helfen, Leidenschaftslosigkeit gegenüber den vergänglichen Dingen der Welt zu entwikkeln, was dich durch Nirvikalpa Samadhi zum Erreichen von Brahma-Jnana (zu höchster Weisheit) führt.

Dritte Übung
Sitze aufrecht in irgendeiner Körperhaltung an einem erhöhten Platz, von wo aus du den unermeßlichen Himmel oder die weite Wasserfläche des Meeres unbehindert sehen kannst. Laß nichts im Wege sein, das den Ausblick hindert. So sitzend erweitere beim Anblick des grenzenlosen Himmels oder der Weite des Meeres den Gesichtskreis deines Geistes. Erfülle dich mit der Überzeugung, daß das höchste Brahman, das mit deinem eigenen Atman (deinem Selbst) identisch ist, alldurchdringend und überall ist, wie die Wasser des Meeres vor dir oder der Himmel über dir. Denke mit fester Überzeugung, daß es nur Eines hinter allen den Namen und Formen des Universums gibt, und daß dies Eine, das dein eigenes Atman ist, ewig, unendlich, ohne Geburt, ohne Wachstum, ohne Verfall, ohne Tod, ohne Geschlecht, ohne Wandel und immer dasselbe ist. Denke immer wieder und mit fester Überzeugung, daß es im ganzen Universum nichts außer Brahman gibt, und daß es dein eigenes Selbst ist. Präge diese Vorstellung deinem Geist immer wieder ein und versuche, das Körperbewußtsein zu vergessen. Denke nicht an deine Schwächen, deine Mängel und Fehlschläge. Hab hohe Hoffnungen; hab hohe und edle Ideen und Ideale vor Augen, und lebe immer in kraftge-

benden Gedanken. Wenn du diese Übung regelmäßig durchführst, kannst du dir ohne große Mühe Geisteskraft, Willenskraft und wirkliche Leidenschaftslosigkeit gegenüber weltlichen Dingen aneignen, was dich zu Samadhi und Moksha (Freiheit) führen wird. Während du so den Geist erweiterst,wiederhole unausgesetzt –

Om, Om, Om, Om, Om.

Dies sind einige der Methoden, auf den Nirguna Aspekt (den formlosen Aspekt Gottes bzw. Brahmans) zu meditieren. Doch nur sehr wenige haben die Reife, diese Übungen mit Erfolg durchzuführen. In erster Linie braucht man für eine solche Meditation einen sehr scharfen Intellekt, der sich nur bei strikter Einhaltung von Brahmacharya (sexueller Enthaltsamkeit) in Gedanken, Wort und Tat erreichen läßt. Um ein echter Brahmachari zu sein, muß man ein einfaches und reines Leben führen, den ethisch-moralischen Verhaltenskodex in seinem ganzen Umfang beherzigen und alle fünf Sinne beherrschen. Ein moralisches Wrack kann ein großer Rechtsgelehrter oder ein großer Politiker werden; aber er kann nicht daran denken, geistig auch nur um einen Schritt voranzukommen, noch kann er jemals seinen Geist und seine Sinne beherrschen und zu Samadhi gelangen. Tatsächlich sind Moral und Brahmacharya (sexuelle Enthaltsamkeit) die Grundlage für echte Religion und Geistigkeit. Denn Brahmacharya ist Leben, und sein Verlust bedeutet Tod. Die Beherrschung aller Sinne und die Beherrschung des Geistes sind immer miteinander verbunden; genau wie Beherrschung des Geistes, Beherrschung der sexuellen Energie und Beherrschung des Prana zusammengehören. Und ohne Vollkommenheit in diesen dreien ist Samadhi unmöglich. Solange der Mensch Sinne und Geist nicht beherrscht und das Ego (die Vorstellung, einen Körper zu haben) nicht überwunden hat, kann er niemals ein Jnani werden, noch hat er die Fähigkeit, auf den formlosen Aspekt (den *Nirakara* Aspekt) Gottes zu meditieren. Wenn ein dafür unreifer Mensch eine solche Meditation aufnimmt, wird er geistig in keiner Weise vorankommen, im Gegenteil, es wird ihn zurückwerfen. Denn eine lediglich spekulative Philosophie macht den Menschen noch nicht zu einem wirklichen Philosophen (einem echten Brahma-Jnani).

15. Konzentration

Um alle verborgenen, in einem Individuum latent vorhandenen Fähigkeiten des Geistes zur Entfaltung zu bringen, müssen Erkennen, Fühlen und Wollen eines werden. Konzentrationsübungen sind darum der eigentliche Kern der religiösen Entfaltung. Ohne rechte Konzentration ist es nicht möglich, zu Samadhi und zur Freiheit zu gelangen. Alle ästhetischen, künstlerischen, poetischen, literarischen und anderen Freuden beruhen auf der Konzentration des Geistes. Selbst in Sorgen und im Unglück konzentriert sich der Geist. Und die Intensität der Freude oder Sorge hängt allein von der Intensität der Konzentration ab. Während der Experimente in einem wissenschaftlichen Laboratorium oder während der Beobachtungen in einem astronomischen Observatorium konzentriert sich der Geist automatisch, und alle seine verborgenen Kräfte kommen zur Auswirkung. Konzentration faßt alle zerstreuten Kräfte des Geistes zusammen und vereinigt sie zu der einen vorherrschenden und von allem Besitz ergreifenden Idee und Vorstellung. Wirkliche und vollkommene Konzentration ist Yoga. Es gibt keine Grenze für die Kräfte des menschlichen Geistes, wenn sie durch Konzentration, d.h. durch das Zusammenfassen aller Kräfte des Geistes auf einen Punkt, aktiviert werden. Daß vollkommene Konzentration auch zu vollkommenem

Wissen führt, versteht sich von selbst. Die Natur enthüllt einem solchen Menschen ihr Geheimnis.

Wirkliches Glück ist ein Ergebnis richtiger Konzentration. Konzentration ist Kraft, ist Seligkeit. Sie reinigt den Körper und beherrscht die Sinne und den Geist, die zur Ruhe und Sammlung, zu Frieden und Reinheit finden. In tiefer Konzentration schwinden die Begriffe von Zeit und Raum. Der Mensch geht über die Begriffe von Freude und Leid hinaus und vergißt seinen Körper und seine Umgebung. Sogar Vergangenheit und Gegenwart werden eines für ihn. Diese Erfahrungen, die man macht, wenn man die Emotionen im Zaum hält und zur Ruhe bringt und die aufkommenden Wünsche und Gedanken beherrscht und einschränkt, sind ein Merkmal für wirkliche und tiefe Konzentration.

Allgemein gesagt, kann man zwei Hauptarten der Konzentration unterscheiden: die *unwillkürliche* und die *willentliche,* bzw. die *automatische* und die *gewollte* Konzentration. Die automatische Konzentration des Geistes ist in jedem Lebewesen entwickelt. Bei Sinnesfreuden und unter dem starken Impuls von Gemütsbewegungen konzentriert sich der Geist automatisch, z.B. beim Essen und Trinken, und in der Erregung sinnlicher Begierde, der Habgier, der Verblendung, des Stolzes und Hasses usw., wie auch in Liebe, Freude, Kummer usw. In Säugetieren, Vögeln, Reptilien und Insekten ist sie weit mehr entwickelt als im Menschen. Je niedriger das Geschöpf, umso größer ist die Verhaftung an Sinnesfreuden. Wenn die niederen Kreaturen hungrig sind, so unternehmen sie alles und jedes und begeben sich sogar in große Gefahr, um ihren Hunger zu stillen. Nichts kann sie dann zurückhalten. Während der Paarungszeit sind sie wie von Sinnen und vergessen nicht nur die Nahrungsaufnahme, sondern auch die Gefahr, die ihrem Leben droht. Bei kleinen Insekten und Schmetterlingen kann man beobachten, wie sie während der Paarungszeit stunden- und tagelang miteinander verbunden bleiben. Ihr Geist ist vom Sexualgenuß völlig in Anspruch genommen. Dasselbe gilt auch für die höheren Tierarten, wenngleich in geringerem Grade. Betrachten wir den Menschen, so finden wir Fälle, in denen Menschen unter dem Impuls von Liebe, sinnlicher Begierde, Zorn usw. wahnsinnig wurden und sich sogar zum Mord oder Selbstmord hinreißen ließen. Wenn die Liebe eines Liebenden für seine Geliebte sehr stark ist, und es kommt etwas dazwischen und vereitelt den freien Austausch und die Stillung sinnlichen Verlangens; oder wenn sie durch Tod oder sonst etwas getrennt werden, so kommt es vor, daß einer oder sogar beide wahnsinnig werden oder Selbstmord verüben; dafür gibt es Beispiele genug. Ein Bericht einiger wahrer Begebenheiten möge folgen: –

Ein junger christlicher Student war sehr in ein christliches Mädchen verliebt. Der junge Mann war ein hervorragender Student und hatte 1927 von der indischen Regierung ein Stipendium für weitere Studien in England erhalten. Es war vereinbart worden, daß der Junge das Mädchen nach seiner Rückkehr heiraten sollte, d.h. nach Beendigung seines Studiums. Doch war die Anhänglichkeit des Jungen an das Mädchen so stark, daß es ihm unmöglich schien, sie zu vergessen oder fern von ihr zu leben. Seine Eltern wußten jedoch nichts davon und trafen Vorbereitungen für seine Reise nach England. Der Junge machte sich auf den Weg nach Bombay, um sich nach England einzuschiffen. Als er jedoch in Bombay ankam, wurde er wahnsinnig, und die Reise mußte abgesagt werden. So verlor der Junge die Chance, weiter zu studieren. Das Mädchen aber änderte seinen Sinn, wurde dem Jungen untreu und heiratete einen anderen Mann.

Im Jahre 1950 gewann ein armer Angestellter bei einer Lotterie dreihunderttausend Rupien. Das war zuviel für ihn. Als er den Scheck erhielt, lachte und lachte er und hörte nicht mehr auf zu lachen. Er konnte seine Freude einfach nicht im Zaum halten, so wenig, daß er sich selbst vergaß und halb verrückt wurde; er kletterte auf das Dach eines dreistöckigen Hauses und sprang herunter – und nahm sich so das Leben.

Es gibt auch viele Beispiele dafür, daß Menschen aus tiefem Kummer oder durch ein unerwartetes Unglück plötzlich an einem Herzversagen sterben, sich das Leben nehmen oder wahnsinnig werden. In allen diesen Fällen kommt es zu einer automatischen Konzentration des Geistes. Wenn die Gemütsbewegungen zu stark sind, machen sie den Menschen unfähig, seinen Geist zu beherrschen, oder den Vorfall zu vergessen oder die Richtung seiner Gedanken zu ändern. Wenn der Mensch jedoch lernt, den Geist *willentlich* zu beherrschen, kann er ein solches Unheil ohne Schwierigkeiten überwinden und den Vorfall vergessen oder ihn leicht nehmen. Doch ist es nun einmal so, daß sich der Mensch von den Gemütsbewegungen überwältigen läßt, anstatt sie unter Kontrolle zu nehmen, und dann völlig hilflos und sehr unglücklich ist. Selbst wenn er den Wunsch hat, die Richtung seiner Gedanken zu ändern und den Vorfall zu vergessen, bringt er es nicht fertig, weil er nicht gelernt hat, wie man den Geist beherrscht. Und so verfolgt ihn das Geschehene, wo er geht und steht, und es macht ihn derart elend, daß er entweder verrückt wird oder so weit kommt, daß er sich das Leben nimmt. Wer jedoch gelernt hat, den Geist zu beherrschen, kann sich von Gemütsbewegungen jeglicher Art und in allen Phasen freimachen, um seinen Geist in vollkommenem Gleichgewicht zu erhalten. Dies ist der größte Segen, der einem Menschen je zuteil werden kann.

Auf den niedrigeren Stufen des Lebens ist die willentliche Beherrschung des Geistes nicht entwickelt und darum nicht möglich. Diese Fähigkeit hat allein der Mensch. Der Geist eines gewöhnlichen Menschen konzentriert sich, wenn er ein wenig Geschmack daran findet, leicht auf so mancherlei äußere Dinge, z.B. auf eine schöne Landschaft, einen Film, ein Theaterstück, ein Spiel, einen zoologischen Garten usw. Auch konzentriert sich der Geist eines Menschen im allgemeinen gern auf das Anhören von Gerüchten und Klatsch. Bei dieser Art von Konzentration kommt er jedoch zu keinem inneren Frieden. Ein literarisch Interessierter hat Freude an guten Büchern, guter Literatur, an Zeitungen, Romanen und möglicherweise auch an religiösen Büchern und Heiligen Schriften. Sein Geist konzentriert sich auf die verschiedensten Dinge, von denen er liest und die er versteht. Es gibt Menschen, die nicht leben können, ohne Romane, Zeitungen, Erzählungen oder Heilige Schriften zu lesen. Es kommt vor, daß Menschen täglich acht bis zehn Stunden lang lesen, und während sie lesen, vergessen sie fast die Welt und ihre Umgebung. Aber der Geist dieser Menschen bleibt dennoch ruhelos und unstet. Immer sind sie umhergetrieben und ohne inneren Frieden. Ohne Zweifel sind sie besser daran als die Menschen im Durchschnitt, die sich überhaupt nicht so tief zu konzentrieren vermögen wie sie; trotz allem aber sind sie dem, was man wirkliche Konzentration nennen könnte, der Mutter des Friedens und der Seligkeit, nicht näher. Die große Mehrzahl der gebildeten Menschen gehört zu dieser Kategorie. Nur allzuleicht werden auch sie zum Sklaven leidenschaftlicher Gefühle, wenn sie von Liebe, sinnlicher Begierde, Zorn und dergl. mehr überwältigt werden. Eine höhere Form der Konzentration besteht darin, seinen Geist willentlich auf *ein* Thema zu konzentrieren. Dies erfordert ein höheres Training des Geistes. Nicht alle gebildeten Menschen haben die Fähigkeit dazu. Wem diese Art der Konzentration gelingt, der kommt auf wissenschaftlichem Gebiet, in der Literatur, der Poesie oder auf anderen Gebieten des Lebens zu Ehre und Ruhm. Eine noch höhere Art der Konzentration besteht darin, den Geist auf eine Folge von Dingen oder Gedanken zu konzentrieren und laufend darüber zu meditieren. Diese Art der Konzentration ist schwieriger und erfordert harte Arbeit und ein strenges Training. In einem der vorigen Kapitel wurde erwähnt, daß es im Yoga *Pratyahara* genannt wird, wenn man seinen Geist willentlich von allen äußeren Gegenständen lösen und an einem Platz festhalten kann. Wenn man mit der Konzentration fortfährt und den Geist an diesem einen Punkt willentlich mindestens zwölf Sekunden lang festhalten kann, so nennt man es *Dharana* im Yoga. Dies ist die höchste Form der Konzentration, die vielen Menschen nicht einmal nach mehreren Jahren der Übung in Jap und Meditation gelingt. Im allgemeinen konzentrieren sie ihren Geist auf eine Folge von Gedanken, und darüber hinaus gehen sie nicht.

Über diese Dinge sprach der Autor einmal mit einem Direktor im Erziehungswesen (i.R.), der geistig voranzukommen bestrebt war. Im Laufe des Gespräches versicherte dieser, daß er sich gut konzentrieren könne. Als er einmal in den Heiligen Schriften gelesen habe, sei er darin derart vertieft gewesen, daß er die Glocke, die zum Nachmittagstee rief, nicht hörte. Als er aufhörte zu lesen, fragte er nach der Teeglocke, und man sagte ihm, daß sie vor mehr als einer halben Stunde geläutet, und daß man den Tee bereits eingenommen hätte. Mit dieser Erzählung wollte er seine Behauptung beweisen. Der Autor sagte ihm, daß sein Geist auf eine Folge von Gedanken konzentriert gewesen sei, und daß vielen diese Art von Konzentration möglich sei; doch weiterzugehen und den Geist auf einen Punkt zu konzentrieren, und ihn in diesem einen Punkt auch nur ein paar Sekunden festzuhalten, sei sehr sehr schwierig. Es wäre wirklich eine große Errungenschaft, diese Art von Konzentration zu erzielen. Wenn man den Geist in einem Punkt festhalten, alles vergessen und diese Konzentration auch nur zwölf Sekunden lang durchführen könnte, so würde man den ganzen Tag lang Frieden haben und glücklich sein. Der Beamte war trotz allem nicht überzeugt davon, versprach aber, seinen Geist während der Meditation genauestens zu beobachten und dem Autor dann Bericht zu erstatten. Mehr als einen Monat lang führte er nun seine geistigen Übungen (sein Sadhana) fort, beobachtete seinen Geist sehr genau und gründlich – und fand schließlich heraus, daß er seinen Geist nicht einmal zwei Sekunden lang an einem Punkt festhalten konnte.

Wie wir sehen, ist also die Konzentration des Geistes auf einen Punkt (*Dhyana*) sehr schwer zu erreichen. Es erfordert eine Menge Arbeit. Man muß seine geistigen Übungen regelmäßig und planmäßig durchführen. Der Grund für das Umherschweifen des Geistes ist seine

Unreinheit. Die Ursache dieser Unreinheit sind Wünsche. Und Wünsche richten sich immer auf Sinnesgegenstände und die Freuden der Sinne. Wie man den Geist durch bestimmte Methoden läutert, wurde bereits beschrieben. Nur ein geläuterter Geist wird stetig, subtil und gesammelt und kann sich leicht konzentrieren. Mantra-Jap ist eine dieser Methoden. Wenn man Mantra-Jap über lange Zeit hinweg ernsthaft und mit Beharrlichkeit übt, kommt es zu einer Umwandlung des Geistes und des Chitta (des Reservoirs des Geistes); die vielerlei Wünsche und Gedanken verschwinden, und es ist nur noch erfüllt vom Mantra und seiner Bedeutung. Hat man diese Stufe erreicht, ist es leicht, zu Dharana und Dhyana zu gelangen. Bei Mantra-Jap konzentriert sich der Geist zuerst auf das geistige Bild und die Bedeutung des Mantra. Auf dieser Stufe hört dann die Wiederholung des Mantra von selbst auf, doch bleibt der Geist auch weiterhin von seiner Bedeutung und dem geistigen Bild erfüllt. Nun sollte man versuchen, den Geist immer mehr im subtilen Gegenstand zu verankern und die Konzentration fortzuführen. Wenn man begreift, worauf es hier ankommt, und sich weiterhin konzentriert, führt es den Meditierenden mit Sicherheit zu Dhyana und zu Samadhi.

Bestimmte Formeln für die Meditation wurden schon in einem früheren Kapitel gegeben. Führt der Übende seine Meditation über eine lange Zeit hinweg regelmäßig und planmäßig durch, so gibt der Geist seine alten Eindrücke (Samskaras) auf und an ihre Stelle treten neue und gute Samskaras, die den weiteren Entfaltungsweg des Strebenden beherrschen. Infolge dieser Reinheit vermag sich der Geist mühelos zu konzentrieren. Während er intensiv auf die Gestalt der Ishta-Devata (der erwählten Gottheit) und ihre göttlichen Eigenschaften meditiert, konzentrieren sich alle Gedanken auf die Person der Ishta-Devata, und der Geist lebt nun in der subtilen Gestalt der Ishta-Devata. Hier ist ein Punkt erreicht, an dem man achtgeben und vorsichtig sein sollte, daß man die Konzentration nicht abbricht oder aufgibt. Vielmehr sollte man damit fortfahren. Der Geist sollte ununterbrochen auf das geistige Bild der Ishta-Devata gerichtet sein; den eigenen Körper, die Umgebung und alle anderen Dinge (außer der Ishta-Devata) sollte man ganz und gar vergessen und den Geist vollkommen in der Gestalt der Ishta-Devata aufgehen lassen. Setzt man diese Konzentration weiter fort, so führt sie mit Sicherheit zu Dhyana und Samadhi.

Im vorigen Kapitel haben wir auch Formeln für die Meditation auf »Om«, d.h. auf den formlosen Aspekt Gottes (Nirguna Brahman) gegeben. Wenn man die Meditation auf »Om« beharrlich und regelmäßig durchführt, verblassen die früheren Samskaras (Eindrücke) mehr und mehr, und dadurch werden Geist, Körper und Nadis rein. Ist diese dreifache Reinheit erreicht, wird es dem Menschen leicht, sich zu konzentrieren. Alle die verschiedenen Meditationsgegenstände oder – punkte fließen während der Meditation zusammen und vereinigen sich in einem gemeinsamen Gegenstand: in Brahman; und nun beginnen der ganze Geist und Chitta im *Brahmakara Vritti,* d.h. im Gedanken an Brahman, zu schwingen. Von nun an lebt der Geist ununterbrochen im Gedanken an Brahman, mit anderen Worten: der Mensch lebt in Brahman. Wird der Geist auf den Gedanken an Gott konzentriert, so steigt durch die Reinheit und Konzentration des Geistes die Kundalini Shakti zu höheren Chakras (Zentren), und wenn sie das Herzzentrum (das Anahata

Chakra) erreicht, nimmt der Mensch (in einer geistigen Vision) ein alles-durchdringendes göttliches Licht (eine Art silbrigen Lichtes) wahr; nun sollte man versuchen, den Geist darin festzuhalten, bis das Licht zu einem Punkt zusammenfließt. Diesen Punkt sollte man unbedingt im Blick behalten und die Konzentration unentwegt fortsetzen, bis Wille, Ego, Geist, Intellekt, Chitta und das Licht selbst in diesem einen Punkt verschmelzen. Auch danach sollte man die Konzentration fortsetzen, bis das Licht ganz und gar verschwindet und der Geist in die Leere eintaucht, in einen Bewußtseinszustand, in dem es weder Licht noch Lichtlosigkeit gibt. Jetzt ist der Moment gekommen, in dem auch die Gedanken an Subjekt, Objekt und Wissen aufhören, und nichts bleibt, als das Meer des Bewußtseins an sich. Diesen transzendentalen Bewußtseinszustand nennt man Nirvikalpa Samadhi.

I. Wie man sich auf grobstoffliche Gegenstände konzentriert

1. Wer sich für seine Meditation seine Ishta-Devata ausgewählt hat, kann ein Bild von ihr als Konzentrationshilfe benutzen. Nimm ein schönes Bild deiner Ishta-Devata. Stelle dies Bild bei deinen geistigen Übungen vor dich hin und bemühe dich, deinen Blick fest auf sie zu richten, d.h. entweder auf ihr Gesicht, ihre Augen, ihre Füße, oder auf irgendeinen anderen Körperteil, der dich am meisten anzieht. Halte deinen Geist an dieser einen Stelle fest. Laß die Augen geöffnet. Selbst wenn sie tränen, solltest du sie nicht schließen. Richte den Geist und den Blick mit all deiner Kraft auf diese eine Stelle. Wenn du den Blick nicht länger festhalten kannst, schließe zwischendurch die Augen, und dann mache weiter. Tue dies

fünf bis zehn Minuten lang vor und nach der Meditation. Wenn du dich in dieser Weise regelmäßig übst, wird dein Geist ruhiger, und du wirst dich immer besser konzentrieren können.

2. Nimm eine schöne weiße oder rote Rose. Stelle sie vor dich hin und bemühe dich, deinen Blick und den Geist, wie oben angegeben, fest auf sie zu richten; übe dies fünf bis zehn Minuten lang vor und nach der Meditation.

3. Wenn du meditierst, betrachte eine kleine Markierung. Es kann ein Fleck oder ein Tüpfelchen an der weißen Wand vor dir sein, oder ein schwarzer Fleck auf einem weißen Bogen Papier, den du in einer Entfernung von einem bis eineinhalb Metern vor dir aufstellst. Bemühe dich, deine Augen und den Geist fest auf diesen schwarzen Fleck zu richten. Schaue auf den Punkt, ohne die Augen zu schließen, wie oben angegeben. Übe dies fünf bis zehn Minuten vor und nach der Meditation.

4. Nimm ein glänzendes Körnchen Sand oder Stein und lege es in einer Entfernung von ca. einem Meter vor deinen Meditationssitz; versuche, den Geist und die Augen fest auf dies Körnchen zu richten. Folge den Anweisungen, wie sie für die vorigen Übungen gegeben wurden.

Eine regelmäßige Durchführung von irgendeiner der oben angegebenen Übungen fördert die Meditation und Konzentration. Sie geben dem Geist Ruhe und Festigkeit.

II. Wie man sich auf Licht konzentriert

1. Denke dir eine schöne achtblättrige Lotosblüte im Herzzentrum. Denke dir ein strahlendes Licht, entweder einen Feuerball oder die aufgehende Sonne, oder das

Wort ॐ »Om« in der Mitte des Lotos. Bemühe dich, deinen Geist auf das Bild des Feuerballs, die Sonne oder das von überfließendem Licht erfüllte ॐ »Om« zu konzentrieren und alles andere zu vergessen. Bringe den umherschweifenden Geist immer und immer wieder dorthin zurück und versuche, ihn dort festzuhalten. Übe dies so lange wie möglich.

2. Am Abend nimm einen Leuchter, zünde das Licht an, und stelle es bei der Meditation in einer Entfernung von zwei bis drei Metern vor dir auf. Das Licht sollte nicht flackern; die Flamme sollte ruhig brennen. Nun versuche, deine Augen und den Geist auf das Licht zu richten. Schließe die Augen nicht, auch wenn sie tränen. Übe dies täglich und regelmäßig zehn bis fünfzehn Minuten lang. Dadurch nimmt die Neigung des Geistes zum Umherschweifen immer mehr ab, und mit der Zeit wird es dir gelingen, dich leicht zu konzentrieren.

3. Für die nächtliche Konzentration nimm einen hellen Stern oder das weit entfernte Licht einer Straßenlaterne. Sitze ruhig und bemühe dich, den Geist und die Augen darauf zu richten. Tue dies so lange wie möglich und vergiß alles, außer dem Licht. Die Konzentration auf ein Licht zur Nachtzeit ist besonders vorteilhaft, weil sich die Augen leicht auf das Licht ausrichten, und auch der Geist läßt sich leicht konzentrieren, weil in der Dunkelheit keine anderen Gegenstände da sind, die Augen und Geist ablenken könnten. Übe dich in dieser Weise so lange wie möglich. Schließe dann und wann die Augen, wenn sie müde werden, und dann beginne mit der Übung von neuem.

4. In einem fortgeschrittenen Stadium der Meditation, und mit dem Aufsteigen der Kundalini Shakti zum Anaha-

ta Chakra (dem Herz-Chakra) kannst du während der ganzen Meditation deutlich ein alldurchdringendes ruhiges silbriges Licht wahrnehmen (eine geistige Wahrnehmung). Hast du diese Stufe erreicht, so halte das Licht fest und bemühe dich, deinen Geist darauf zu konzentrieren. Wenn der Geist auf das Licht konzentriert bleibt und man ihn in diesem Licht verharren läßt, fließt das alles-durchdringende Licht in einem Punkt zusammen und die Konzentration des Geistes wird schärfer. Führt man diese Konzentration weiter fort, so scheint der Punkt immer mehr zurückzuweichen, und Geist, Wille, Ego, Intellekt und Chitta, die alle in diesem einen Punkt zusammenfließen, folgen ihm. Wenn sich die Konzentration in dieser Phase vertieft, beginnt das Körperbewußtsein zu schwinden und das Atmen hört fast auf. Führt man die Konzentration noch ein bißchen weiter, so verschwindet der Punkt und auch das Körperbewußtsein völlig. Die Atmung und das Schlagen des Herzens hören vollkommen auf, und der Geist verschmilzt in der Unendlichkeit, d.h. in einer Leere, die weder Licht noch Finsternis ist. In diesem Bewußtseinszustand verschwindet der Gedanke an Subjekt, Objekt und Wissen völlig, und man erreicht und erlebt die Seligkeit von Nirvikalpa Samadhi. Dies ist der Höhepunkt der Konzentration. Alles Wünschen hört in diesem Zustand auf, und Geist, Chitta (das Reservoir des Geistes), Wille, Ego und Intellekt (Buddhi), alle gehen auf in Brahman und werden Eines mit Ihm. Allein in diesem Samadhi vermag man den formlosen Aspekt Gottes bzw. Brahmans zu erfassen und zu verwirklichen.

III. Wie man sich auf einen Laut konzentriert

Wenn du nahe am Meere wohnst, an einem Wasserfall,

oder an einem rauschenden Bergstrom, so nimm das anhaltende Geräusch als Konzentrationshilfe. Sitze aufrecht. Schließe die Augen und denke an das Geräusch. Vergiß alles und konzentriere dich unbewegt und so lange wie möglich darauf, und übe dies regelmäßig und systematisch.

2. Hast du eine Uhr im Meditationsraum, so richte deine ganze Aufmerksamkeit auf das Tick-Tack-Geräusch der Uhr. Sitze aufrecht, konzentriere dich und laß deinen Geist so lange wie möglich eintauchen in dies Geräusch.

3. Mit dem Erreichen einer gewissen Reinheit von Körper, Nadis und Geist, und mit dem Aufsteigen der Kundaliniströme zum Kopfzentrum, kann man eine Vielzahl von Tönen hören (Einzelheiten darüber findet der Leser in dem Buch des Autors »The Primal Power in Man or The Kundalini Shakti«. »Die Urkraft im Menschen – oder die Kundalini Shakti«). Der höchste und letzte Laut ist der des »Omkara«. Man kann diesen Laut ununterbrochen Tag und Nacht hören. Hast du diese Stufe erreicht, so bemühe dich, den Geist ständig im Laut »Om« festzuhalten. Wenn man dies regelmäßig übt, konzentriert sich der Geist leicht auf diesen Laut. Und fährt man fort mit der Konzentration, so wird der Laut gleichsam punktförmig und taucht schließlich in die Unendlichkeit ein, wie auch Geist, Chitta, Ego, Wille und Intellekt, und man erreicht Nirvikalpa Samadhi.

IV. Wie man sich auf die Leere konzentriert

Sitze aufrecht in dem für dich günstigsten Asana (Sitz). Indem du so sitzt, bemühe dich, nicht an irgendetwas zu denken. Mache den Geist leer; befreie ihn von allen Wünschen und Gedanken aller Art. Vergiß den Körper.

Halte Geist, Wille, Ego, Intellekt, Chitta und die Sinne zurück. Bringe sie nicht zum Einsatz. Übe dies so lange wie möglich. Wenn es dir wirklich gelingt, den Geist in diesem Zustand auch nur ein paar Sekunden lang festzuhalten, wirst du begreifen, was wirkliche Ruhe und wirkliche Seligkeit sind. Auch wirst du eine Vorstellung vom formlosen Aspekt Brahmans bzw. Gottes bekommen. Außerdem wird dir durch diese Übung deine wirkliche Geisteskraft offenbar werden. Doch ist diese Übung nicht leicht. Eine wesentliche Voraussetzung dafür ist die Reinheit des Geistes. Manche mögen fragen: »Ist es überhaupt möglich, den Geist von allen Wünschen und Gedanken freizuhalten?« Die Antwort darauf ist ein betontes Ja. Durch beharrliches Üben kannst du es erreichen. Im Tiefschlaf erfährst du diesen Bewußtseinszustand jeden Tag. Ihn willentlich herbeizuführen, ist das, was wir anstreben und erreichen sollten. Sobald du aus einem guten Schlaf erwachst, setze dich im Bett auf und übe dich darin. Denn nach einem guten Schlaf ist der Geist frisch und voller Kraft, und es kann dir leicht gelingen. Bei regelmäßiger Meditation gelangst du zuweilen in diesen Bewußtseinszustand, wenn du den Geist auf die Leere konzentrierst. Du solltest dann die Meditation fortsetzen und nicht den Fluß der Konzentration unterbrechen. Wenn du den Geist lange in der Leere festhältst, wird er zusammen mit dem Ego und dem Chitta in der Leere verschmelzen, und du erreichst Nirvikalpa Samadhi.

16. Pranayama

(Folgende Bücher des Autors beschäftigen sich aufs gründlichste mit Pranayama: *»The Primal Power in Man or The Kundalini Shakti«, »The Ideal Life and Moksha (Freedom)«* und *»Das Geheimnis von Prana, Pranayama und Yoga-Asanas«*. In diesem Kapitel wird darum nur das Wesentlichste behandelt. Wer selbst Pranayama üben möchte, sollte die drei oben erwähnten Bücher lesen.)

Pranayama ist eine der Methoden des Yoga, den Geist zu beherrschen und zu Samadhi zu gelangen. Die Beherrschung des Geistes, Beherrschung des Prana, Beherrschung der sexuellen Energie und das Erreichen von Samadhi sind immer miteinander verbunden und stehen in einem engen Zusammenhang. Eines bringt fast gleichzeitig auch das andere mit sich. Tatsächlich ist mit dem Eintritt in Samadhi die dreifache Beherrschung vollendet. Im Samadhi (Nirvikalpa Samadhi) werden Geist und Prana Eines, d.h. sie verschmelzen mit dem höchsten Sein. Prana ist die Quelle und der Ausgangspunkt der sexuellen Energie und der Atmung. Es sind die vibrierenden Nervenströme, die Herz und Lungen arbeiten lassen. Der Dynamo der Nervenströme ist beim gewöhnlichen Menschen das Muladhara Chakra (das Anus-Zentrum), und die Kundalini Shakti (ein anderer Name dafür ist Prana Shakti) ist es, die sie erzeugt. Solange die Kundalini

Shakti im untersten Zentrum (dem Muladhara Chakra) bleibt, herrscht Tamo-Guna* in einem Individuum vor, und dies bringt ein allzu großes Verhaftetsein und Verlangen hauptsächlich nach drei Dingen mit sich: nach Essen, Schlafen und Sex. In diesem Fall fließt die Kundalini Shakti abwärts, und das Ergebnis sind sexuelle Vergnügungen. Männer und Frauen, bei denen die Kundalini Shakti ständig abwärts fließt, leben auf einer sehr niedrigen Stufe des Daseins. Sie sind wirklich nicht besser als ein Tier. Um darum ein menschliches Wesen im wahren Sinne des Wortes zu sein, um die Kraft des Geistes kennenzulernen, und Reinheit des Geistes zu gewinnen und von seinen höheren Fähigkeiten Gebrauch machen zu können, darf man die Kundalini Shakti nicht abwärts fließen lassen. Mit anderen Worten, man muß Brahmacharya (sexuelle Enthaltsamkeit) üben. Abkehr von Brahmacharya beraubt den Geist seiner Reinheit und ist die entscheidende Ursache für den Niedergang eines Menschen. Wer sich strikt an Brahmacharya hält, tut damit den ersten und wichtigsten Schritt zu einem heiligen Leben und zur Wiedergewinnung des verlorenen Reiches.

Unter Pranayama versteht man im allgemeinen die Beherrschung des Atems. Doch wissen die meisten Menschen nicht, wie man diese erreicht. Solange die Nervenströme im Körper arbeiten, kann der Atem nicht beherrscht werden. Die Versorgung der Nerven mit Nervenströmen erfolgt vom Dynamo (dem Muladhara Chakra) aus, der von der Kundalini Shakti angetrieben wird, der Ursache dieses Dynamo. Solange die Kundalini Shakti im Muladhara Chakra verweilt und den Dynamo antreibt,

* Siehe Worterklärungen am Ende des Buches.

kann die Atmung nicht zum Stillstand kommen, weil die Shakti dauernd nach unten fließt und in Form sexueller Vergnügungen ausströmt. Sie steigt nicht aufwärts, und solange sie das nicht tut, ist die Beherrschung des Prana (die Atembeherrschung) nicht möglich.

Der Zweck von Pranayama ist regelmäßiges und systematisches Atmen. Dies macht den Übenden gesund und läßt die Nervenströme in normaler Weise arbeiten. Denn ein Übermaß oder ein Zuwenig an Nervenströmen in irgendeinem Teil des Körpers ist die Ursache vieler Krankheiten. Pranayama trägt also zur Reinigung des Körpers, der Nadis (der Nerven) und des Geistes bei. Wenn man sich mit Konsequenz an Brahmacharya (das Zölibat) hält, und wenn Körper, Nadis und Geist rein geworden sind, beginnt die Kundalini Shakti, zu den höheren Chakras aufzusteigen. Tritt die Kundalini Shakti beim Aufsteigen in den Sushumna-Nadi ein, so hört der Dynamo auf zu arbeiten. Die Arbeitsweise des Sushumna-Nadi kann mit drahtlosen Übermittlungen verglichen werden. Er ist einer der feinsten und subtilsten aller Nadis. Bis heute konnte er mit keinem vom Menschen erfundenen Instrument entdeckt werden; doch kann man ihn fühlen, wenn der Geist rein, subtil und konzentriert geworden ist.

Stellt der Dynamo seine Arbeit ein, so erhalten die Nadis keine Nervenströme mehr und hören auf zu arbeiten, und genauso auch das Herz und die Lungen. Daher kommt es, daß ein Mensch, wenn er in Nirvikalpa Samadhi eintritt, stunden- und tagelang weiterlebt ohne zu atmen. Im Nirvikalpa Samadhi setzt automatisch *Kumbhaka* (Atemstillstand) ein, währenddessen die Atmung, die Blutzirkulation und sogar das Schlagen des Herzens vollständig aufhören und der Mensch aussieht, als wäre er tot. Die Atemübungen dienen also lediglich der Reinigung von Körper, Nadis und Geist; und die gewonnene Reinheit erleichtert es dann der Kundalini Shakti, in den Sushumna Nadi einzutreten, zu Sahasrara (Scheitelpunkt des Kopfes) aufzusteigen und im Samadhi das Ziel zu erreichen. Mit nur wenig Übung in Pranayama ist es absolut unmöglich, die Kundalini Shakti zu Sahasrara hinaufzubringen. Es erfordert ein regelmäßiges und sehr hartes Üben über lange Zeit hinweg. Man muß sich den höheren Formen von Pranayama zuwenden und diese Übungen regelmäßig viermal am Tage durchführen, d.h. morgens, mittags, abends und um Mitternacht. Diese höheren Formen von Pranayama ohne strikte Einhaltung von Brahmacharya in Gedanken, Wort und Tat zu üben, ist sehr gefährlich und kann, wenn dies nicht beachtet wird, zu Krankheiten führen. Neben der konsequenten Einhaltung von Brahmacharya muß man ein reines und heiliges Leben führen, bestimmte Regeln im Essen und Trinken beachten, und allen Weisungen folgen, die einem Yogaschüler vorgeschrieben sind. (Die für einen Yogaschüler geltenden Vorschriften findet der Leser in den drei oben erwähnten Büchern.)

17. Arbeit und Hingabe

(Eine ausführliche Behandlung dieses Themas findet der Leser in dem Buch des Autors *»The Ideal Life and Moksha (Freedom)« »Das vollkommene Leben und Freiheit«*, und zwar in den Kapiteln »Arbeit bzw. Karma-Yoga« und »Hingabe bzw. Bhakti-Yoga«. Darum wird hier nur das Wesentlichste gesagt.)

Arbeit und Hingabe an Gott bzw. Karma-Yoga und Bhakti-Yoga sind zwei der zahlreichen Methoden, deren man sich bedient, um den Geist zu beherrschen und zu Samadhi zu gelangen. Allgemein gesagt hat der Geist vier Hauptfähigkeiten, und zwar die des Wollens, des Fühlens, des Denkens und der Sammlung (der Neigung zur Konzentration). Obwohl alle diese vier Fähigkeiten im Geist vorhanden sind, so sind sie doch in einem gewöhnlichen Individuum nicht alle gleichmäßig entwickelt. Bei der großen Mehrzahl der Menschen ist eine dieser Fähigkeiten mehr entwickelt als die anderen drei. Unter dem Einfluß dieser vorherrschenden Fähigkeit wählt der Mensch seinen Weg, und wenn er ihm gewissenhaft folgt, kommt er immer weiter voran und erreicht schließlich das höchste Ziel. Wenn man sich für einen bestimmten Weg entscheidet, sollte man nicht denken, daß die anderen Fähigkeiten nur unterschwellig oder gar nicht da sind im Geist. In Wirklichkeit treten sie im Laufe eines Tages mehrfach in

Erscheinung und lassen erkennen, daß sie regsam sind. Daher kommt es, daß der Mensch zu einer Zeit gern arbeitet, zu einer anderen Zeit gern geistige Übungen macht, manchmal gern in der Stille sitzt und meditiert, und zuweilen vorzieht, schweigend und tief nachzudenken. Obgleich Karma-Yoga, Bhakti-Yoga, Raja-Yoga und Jnana-Yoga die vier verschiedenen Pfade sind, unter denen ein Wahrheitssucher seine Auswahl treffen kann, sind sie in Wirklichkeit doch nicht ganz und gar verschieden und getrennt voneinander. Bei genauer Beobachtung wird man finden, daß alle miteinander verbunden sind. Keiner der Wege kann ohne die anderen sein. Wenn man sich in einem übt, folgt man damit zugleich auch den anderen dreien. Nehmen wir z.B. Karma-Yoga. Wenn man Karma-Yoga übt, muß man sich mit Hingabe seiner Arbeit widmen, man muß sich auf seine Arbeit konzentrieren und schließlich Unterscheidungsvermögen und Leidenschaftslosigkeit walten lassen, um die Arbeit um der Arbeit willen zu tun. Genauso ist es, wenn wir die anderen Yogawege nehmen und sie genau betrachten; wir werden sehen, daß alle vier Yogas tatsächlich zusammengehören, wenn wir auch irgendeiner Form den Vorzug geben und unseren Weg dementsprechend bezeichnen.

Wir wollen nun sehen, wie man durch Arbeit den Geist beherrschen und frei werden kann. Kein einziges lebendes Wesen kann sich der Arbeit entziehen. Solange man in dieser Welt lebt, hat man zu arbeiten, allein schon für die bloße Erhaltung des Lebens. Und diese Arbeit sollte man mit voller Konzentration des Geistes, jedoch ohne Anhänglichkeit an das Ergebnis der Arbeit tun. Man muß ganz bei seiner Arbeit sein, mit seinem ganzen Herzen, mit all seinem Denken, Fühlen und Wollen, und mit aller

Energie; doch sollte man nicht irgendetwas dafür erhoffen oder erwarten. Man sollte nicht Sklave der Arbeit, sondern ihr Meister sein, – und arbeiten um der Arbeit willen, ohne sich um den Erfolg zu kümmern. Der Gedanke an »ich« und »mein« muß verschwinden; an seine Stelle müssen wir den Gedanken an »IHN« und »SEIN« setzen. Solange der Geist von dem Gedanken an »ich« und »mein« erfüllt ist, leidet der Mensch furchtbare Qualen. Aus diesem Gedanken gehen alle Sünden, alle Leiden, alles Elend und alle menschliche Abhängigkeit hervor. Genau dieser Gedanke ist es, mit dem man sich ein eigenes mächtiges Reich aufbaut in dieser Welt. Lust, Habgier, Selbstsucht, Zorn usw. kommen im Geist allein durch egoistisches Denken auf. Solange dieser Gedanke nicht weicht, gibt es für den Menschen weder Glück noch Freiheit. Das Ich-Denken auszuschalten, ist darum die erste Voraussetzung.

Das Leben bringt Arbeiten verschiedenster Art mit sich. Man sollte seine Pflichten redlich erfüllen, ohne zu verwerflichen Mitteln zu greifen, und ohne Verlangen nach dem Ergebnis der geleisteten Arbeit. Niemals sollte man irgendeine Arbeit vernachlässigen, aber man sollte auch niemals an einer Arbeit hängen. Kommt irgendeine unerwünschte Arbeit auf uns zu, sollte man ihr niemals ausweichen, noch sollte man sich damit aufhalten, wählerisch zu sein und damit dem Ego Gelegenheit zu geben, sich groß zu dünken. Man sollte jede Arbeit, die auf einen zukommt, tapfer auf sich nehmen, ohne zu versuchen, sie zu umgehen. Eine im rechten Geist und mit rechtem Verständnis getane Arbeit macht den Menschen nicht abhängig, im Gegenteil, sie erhebt ihn. Denn das Motiv ist es, das unerwünschte Auswirkungen und Abhängigkeit mit sich bringt. Jede Arbeit ist eine eigenartige Mischung guter und schlechter Wirkungen; wenn der Mensch aber handelt, ohne sich als Handelnden zu betrachten, bleibt er vom Erfolg oder von der Auswirkung seines Tuns unberührt. Es sind die auf den Erfolg der Arbeit gerichteten Wünsche, Sorgen und Erwartungen, die den Geist beunruhigen und ihm den Frieden nehmen. Dies Bangen, das dem Egoismus entspringt, ist die Ursache von Furcht und Abhängigkeit. Darum muß das Ego durch rechte Arbeit überwunden werden.

Überwiegt in einem Menschen die Willenskraft, so wird er Karma-Yoga wählen. Ein Karma-Yogi sucht die Hilfe seiner Ishta-Devata und seines Ishta-Mantra. Bei allem, was er tut, wiederholt er ständig das Mantra und denkt an seine Ishta-Devata. Durch selbstlose Arbeit, d.h. indem er jede Arbeit als eine Art Gottesdienst verrichtet, lebt er ununterbrochen in dem Gedanken an seine Ishta-Devata und lernt, sich willentlich von seiner Arbeit zu lösen. Ein Karma-Yogi muß lernen, seinen Geist unter allen Umständen, in Freude und Leid und bei allen gegensätzlichen Erfahrungen, in vollkommenem Gleichgewicht zu erhalten. Auch sollte er stets bei der Wahrheit bleiben und ehrlich und aufrichtig sein. Er sollte alle Regeln einer guten Lebensführung beachten und sich strikt an Brahmacharya (sexuelle Enthaltsamkeit) halten. Ist er Familienvater, sollte er ein oder zwei Kinder zeugen und nicht mehr. Denn um Kraft und Reinheit von Geist, Körper und Nadis zu erlangen, ist Brahmacharya einfach unerläßlich. Auch ist es notwendig, die Bedeutung der Rechtschaffenheit (des Dharma) zu erkennen, danach zu leben und unverdrossen den langen und mühsamen Pfad des Karma-Yoga weiterzugehen. Wenn man ohne Anhänglichkeit arbeitet, d.h. wenn man arbeitet um der Arbeit willen, ohne dabei an die Früchte der Arbeit zu denken oder sie zu erwarten, und wenn man den Geist ständig mit dem Gedanken an Gott erfüllt, werden der Körper, die Nadis und der Geist gereinigt. Die so gewonnene Reinheit erleichtert das Aufsteigen der Kundalini Shakti zu höheren Ebenen. Außerdem wirkt die Konzentration des Geistes, wirken Mantra-Jap, das ständige Denken an das Wohlergehen anderer, die Zurückhaltung der Sinne usw. erhitzend auf die Kundalini Shakti. Und wird dann das Abwärtsfließen der Kundalini Shakti durch die Einhaltung von Brahmacharya beherrscht und aufgehalten, so beginnt sie, zu höheren Chakren aufzusteigen, erreicht Sahasrara (das Zentrum im Scheitelpunkt des Kopfes), und der Mensch gelangt zu Samadhi und wird frei.

Ein Mensch, in dem die Gefühlskraft vorherrscht, wählt für seine geistigen Übungen (sein Sadhana) den Weg des Bhakti-Yoga. Bhakti bedeutet *Liebe*, und Yoga *Vereinigung*. Bhakti-Yoga ist also die Vereinigung des individuellen Selbst mit dem höchsten Selbst durch Liebe. Nicht jede Art von Liebe ist Bhakti-Yoga. Ein Mann liebt seine Frau und umgekehrt. Freunde, Brüder und Schwestern lieben einander. Doch diese Liebe wird nicht Bhakti-Yoga genannt. Hier handelt es sich um weltliche Liebe, die der weltliche Mensch entwickelt hat, um sinnenhafte Freuden, Wohlhabenheit, Ehre, Ruhm und dergl. zu genießen. Wird diese Liebe mit reiner Glut und Innigkeit auf Gottverwirklichung gerichtet, so wird sie zu Bhakti-Yoga. Bhakti-Yoga ist die durch intensive, reine Liebe erreichte Konzentration des Geistes auf Gott. Die aufrichtige Liebe, die den Geist ununterbrochen mit dem Gedanken an Gott erfüllt, so daß ihm selbst eine kleine Unterbrechung als ein großes, allzu lange Zeit dauerndes Versäumnis erscheint, wird Bhakti-Yoga genannt. Wenn man Rhizinusöl von einer Flasche in eine andere füllt, bildet sich ein kontinuierlicher Faden; in ähnlicher Weise lebt auch der Geist eines Gottergebenen ohne Unterbrechung in göttlichen Gedanken und göttlicher Kontemplation. Bhakti-Yoga ist das unaufhaltsame Suchen und Streben nach Gott durch reine Liebe; es ist die Angst und Qual des Abgetrenntseins, und das dringende Verlangen und Bemühen, mit Gott durch selbstlose Liebe eines zu werden. Es ist das natürliche Sich-Versenken des Geistes in die höchste Wahrheit und der ununterbrochene Gedankenfluß dorthin. Bhakti üben heißt, alle Tätigkeiten der Sinne zum Gottesdienst werden zu lassen. Liebe um der Liebe willen wird Bhakti-Yoga genannt. Reine Liebe kennt keine Furcht, keinen Haß und keinen Tauschhandel. Ein Bhakti-Yogi liebt Gott ohne die geringste Furcht und ohne das leiseste Verlangen nach irgendeinem persönlichen Vorteil. Er denkt an ihn als an sein Nächstes und Liebstes. Darum sind er und seine Liebe frei vom Ich-Denken und von aller Selbstsucht. Er gibt, aber er erwartet keine Gegengabe. Er liebt den Herrn, ohne zu fragen, warum er ihn liebt. Er kümmert sich nicht einmal um Moksha (um Freiheit); er ist allein darauf bedacht, ständig bei seinem Geliebten (bei Gott) zu sein, ihn zu lieben, mit ihm Gemeinschaft zu haben und ihn zu verehren. Niemals beunruhigen ihn seine eigenen Schwierigkeiten und Leiden, sein Unglück und seine Sorgen. Er murrt nicht über sein Mißgeschick. Er denkt, daß alles, was ihm das Schicksal bringt, von seinem Geliebten kommt. Darum ist ihm alles willkommen; denn er überläßt sich völlig dem Willen Gottes.

Vollkommene Selbsthingabe ist im Bhakti-Yoga von

größter Wichtigkeit. Im höchsten Bhakti werden alle Kräfte des Geistes vereinigt und zusammengefaßt, und so arbeiten Geist, Wille, Intellekt und Ego in Harmonie miteinander. Was bleibt, ist reine Liebe, und Liebe allein. Hat man diese Stufe reiner Liebe erreicht, werden der Körper, die Nadis und der Geist von selber rein. Im übrigen hat man, um Bhakti rein und mit Aufrichtigkeit zu verwirklichen, ein reines und heiliges Leben zu führen, die ethischen Verhaltensregeln genau zu beachten und sich strikt an Brahmacharya in Gedanken, Wort und Tat zu halten. Wenn man Bhakti in reiner Form verwirklicht, steigt die Kundalini Shakti zu höheren Zentren auf; und wenn sie das Kopfzentrum (Sahasrara) erreicht, gelangt man zu Samadhi und wird frei. Man kann also auch durch Bhakti-Yoga den Geist beherrschen und zur Freiheit gelangen.

18. Irrtümer und Gefahren

1. Die meisten der geistig Strebenden gehen fehl, weil sie nicht den richtigen Weg einschlagen und keinen rechten Lehrmeister haben. Obgleich viele es ernst nehmen, finden sie doch keinen wirklichen *Sad-Guru* (keinen wahren Lehrer), und es fehlt ihnen deshalb an der rechten Führung. Manche lassen sich von irreführender Propaganda täuschen und fallen allzu schnell auf die Machenschaften von Pseudo-Yogis herein. Für viele ist heute die Religion zum Broterwerb geworden. Wenn ein Mönch genügend Geld zu seiner Verfügung hat und einigen undisziplinierten Menschen freie Unterkunft gewährt, und wenn es ihm gelingt, eine eigene Zeitung oder Zeitschrift herauszubringen, um weit und breit Einfluß zu gewinnen, maßt er sich im allgemeinen die Rolle eines großen Sad-Guru an. Und nicht nur das, er gibt sich vielleicht sogar als ein *Avatar* (eine Inkarnation Gottes) aus. Viele Sadhakas (geistig Strebende) fallen auf diesen Betrug herein. Manche sehen ihren Irrtum nach einiger Zeit ein und sind derart erschüttert, daß sie ihr Vertrauen in alle Gurus, in die Religion, die Heiligen Schriften und schließlich sogar in Gott verlieren. Damit verderben sich solche Menschen ihr ganzes Leben. Es ist darum besser, sich zu einem Guru nicht allzu überstürzt zu entschließen. Vielmehr sollte man ihn sorgsam beobachten, bevor man ihn als

Guru akzeptiert; und auch der Guru sollte seinen Schüler erst genau prüfen. Wenn beide nach dem gegenseitigen Kennenlernen miteinander zufrieden sind, dann, und nur dann, sollte die Beziehung aufgenommen werden. Das Ergebnis einer solchen Verbindung kann nur ein glückliches sein.

Ein wirklicher Guru ist ein Mensch, der das höchste Samadhi (Nirvikalpa Samadhi) erreicht hat, und in dem man keine Spur von Unwissenheit mehr findet. Er ist freundlich, sanft, weise, Herr seines Geistes und seiner Sinne und bleibt unberührt von Ehre und Ruhm. Er allein kann einen Schüler auf den rechten Weg bringen und ihm Anleitungen für seine Übungen geben. Glücklich der Strebende, der einen solchen Guru findet! Wenn man sich aber einmal für einen wirklichen Guru entschieden hat, sollte der Schüler unbegrenztes und unbedingtes Vertrauen in ihn und seine Kraft und Weisheit haben und seine Anweisungen genauestens befolgen.

2. Halte fest an *einem* Guru, *einem* Guru-Mantra und *einer* Ishta-Devata. Triff keine Veränderung in diesen dreien, außer, wenn der Guru dazu rät, und dann auch nur ausnahmsweise und nicht als Regel. Hab festes Vertrauen in diese drei, und führe deine geistigen Übungen (dein Sadhana) mit Geduld und Ausdauer weiter, bis du das Höchste erreichst. Tust du das nicht, wirst du bestimmt das Ziel verfehlen.

3. Ein Sadhaka hat die Regeln sittlicher Lebensführung genau zu befolgen. Er muß immer aufrichtig, freundlich, sanft, selbstlos und gütig sein. Niemals sollte er lügen. Er hat sich strikt an Brahmacharya zu halten. Ist er verheiratet, sollte er ein normales, gut geregeltes Geschlechtsleben führen, bis er ein oder zwei Kinder gezeugt

hat; danach jedoch muß er sich strikt an Brahmacharya halten, wenn er wirklich die Absicht hat, den Geist zu beherrschen und zu Frieden und Seligkeit zu kommen. Will man das Höchste erreichen, ist Brahmacharya das allererste, um was man sich bemühen muß; während Abkehr von Brahmacharya ohne Zweifel den größten geistigen Rückfall mit sich bringt. Denn die sexuelle Energie ist die eigentliche Grundkraft des Körpers, und wenn man sie zurückhält, beherrscht und bewahrt, so verwandelt sie sich in *»Ojas Shakti«* (in große geistige Kraft). Ohne eine Speicherung dieser großen Kraft (»Ojas Shakti«) kann der Geist niemals beherrscht werden, noch kann man meditieren oder sich konzentrieren, um Samadhi zu erreichen.

4. Ein Sadhaka sollte harte körperliche und geistige Arbeit vermeiden; er sollte nicht zu viel sprechen, sich nicht überessen, nicht unnötig Gesellschaften aufsuchen, sich nicht in Menschenansammlungen begeben und schlechte Gesellschaft meiden. Schon ein kleines Abweichen in der Befolgung dieser Hinweise verzögert seinen Fortschritt. Harte körperliche und geistige Arbeit wirkt sich ungünstig auf die Meditation und die Beherrschung des Geistes aus. Zu vieles Sprechen beunruhigt den Geist. Ein Mensch, der sich überißt, kann als Sklave seines Gaumens niemals Geist und Sinne beherrschen. Er bleibt ein Sklave der Sinneslust (*Kama*). Ungehemmter Umgang mit jeder Art von Menschen schadet sehr; denn wenn man sich geistigen Übungen hingibt, und sich im Geist der Vorgang der Reinigung vollzieht, gleicht der Geist einem sehr sauberen weißen Tuch, das fast augenblicklich jede Farbe annimmt. Was auch immer die Sinne sehen und hören, er saugt es sofort in sich auf, und so wird er

während der Meditation von unzähligen Gedanken, guten und schlechten, gestört. Begibt man sich in eine Menschenmenge oder in ein Gedränge, kann man leicht krank werden, und deshalb sollte man es vermeiden. Schlechte Gesellschaft verdirbt den Charakter eines Menschen, wirkt wie Gift und richtet ihn geistig zugrunde.

5. Oftmals erheben sich im Geist eines Sadhaka Zweifel an der Gültigkeit der Heiligen Schriften, an seinem Guru und dessen Fähigkeiten oder an dem, was er selbst letztlich erreichen kann. Ein zweifelnder Mensch kann nie das Ziel erreichen. Es wäre besser, sich eine Kugel durchs Herz zu schießen, als einen Zweifel aufkommen zu lassen.* Sowie ein Zweifel aufkommen will, jage ihn fort. Wende dein Unterscheidungsvermögen an und befreie dich davon.

6. Manche Sadhakas üben ihr Sadhana (geistige Übungen) nur gelegentlich; andere nur mit halbem Herzen. Sie können keine großen Fortschritte machen. Die geistigen Übungen müssen regelmäßig und systematisch ausgeführt werden. Auch muß man in der Einteilung der täglichen Arbeiten, der geistigen Übungen und der Ruhepausen Ordnung und Regelmäßigkeit walten lassen. Man sollte darum sein Sadhana (seine geistigen Übungen) mit dem rechten Eifer und Ernst ausführen.

7. Im Anfangsstadium ist ohne eine gute körperliche Gesundheit kein Sadhana möglich. Manche Sadhakas beginnen ihren Weg mit einer großen Leidenschaftslosigkeit gegenüber ihrem Körper und der Welt (*Tyaga*). Sie tun es zwar unbewußt, aber sie beachten ihren Körper und ihre Gesundheit überhaupt nicht. Der Erfolg ist

* Siehe Anmerkung S. 89.

katastrophal. Manchmal ziehen sie sich dadurch sogar unheilbare Krankheiten zu, bleiben ihr ganzes Leben lang krank und kommen nicht zum Ziel. Andere werden krank, weil sie die Regeln des Yoga nicht genau beachten.

8. Sehr oft verlieren Sadhakas (geistig Strebende) bei kleinen Mißerfolgen und geringfügigen Hindernissen die Hoffnung und sind deprimiert, – mit dem Erfolg, daß sie ihr Sadhana (ihre geistige Arbeit) aufgeben. Das ist sehr bedauerlich. Fehlschläge wird es immer geben. Sie sollten ein Ansporn sein, sich noch mehr anzustrengen. Wer hätte niemals Mißerfolg gehabt, – und dann auch wieder Erfolg? Man muß frischen Mut schöpfen und mit Zuversicht und doppelter Kraft wieder an die Arbeit gehen. Nur ein Held kann das höchste Ziel erreichen; nicht aber ein Schwächling.

9. Die größte Schwierigkeit liegt für einen Sadhaka darin, das angeborene Verlangen nach Ehre und Ruhm aufzugeben. Es ist schon sehr schwierig, *Kamini* und *Kanchana* (die sinnliche Begierde und das Verlangen nach Wohlhabenheit) aufzugeben. Doch selbst wenn man dies geschafft hat, bleibt man immer noch so sehr verstrickt in die Verlockung von Ehre und Ruhm, daß man hilflos dagegen ist. Die meisten geistig Strebenden sind gefangen in diesem höchst subtilen und gefährlichen Netzwerk, das *Maha Maya* (die täuschende Macht Gottes) ausgeworfen hat. Ein ernsthaft Strebender, der das Höchste erreichen möchte, muß aber auch noch diesen übermächtigen Wunsch überwinden.

10. Mit dem teilweisen Aufsteigen der Kundalini Shakti haben viele Strebende im Laufe ihrer geistigen Entfaltung göttliche Visionen; sie sehen göttliches Licht und hören göttliche Laute. Sie erreichen eine ziemlich

tiefe Konzentration. Doch ist dies keine dauerhafte Errungenschaft. Solche Visionen sind nur Zeichen des geistigen Fortschritts, den man gemacht hat, und weiter nichts. Manche Schwächlinge machen jedoch viel Aufhebens davon. Sie bedienen sich irreführender Propaganda, nehmen Schüler an und sammeln Geld für ihre Ashrams usw. Auf diese Weise täuschen sie andere, betrügen sich selbst und bringen sich selbst und andere zum Scheitern.

11. Nach einer kurzen Zeit strengen Übens und einem geringen Fortschritt erwacht der unbewußte Wunsch, Dharma (das, was man gelernt hat) andere zu lehren. Dies ist ein sehr gefährliches Vorhaben, und du solltest dich davor hüten. Gibst du ihm nach, so hindert das deinen geistigen Fortschritt. Denn manche werden dich, wenn sie die Worte der Weisheit hören, vielleicht loben, während andere dich tadeln. Während man sich um geistigen Fortschritt bemüht, wirken Lob oder Tadel sehr nachteilig auf den Geist ein. Lob macht unbewußt egoistisch, während Tadel entmutigt und das Herz beschwert. Entweder verliert man so den Weg, oder man vergeudet viel kostbare Zeit. Stattdessen sollte man den Geist auf die begonnene Arbeit konzentrieren. Man kann der Welt einen echten und wertvollen Dienst erweisen, wenn man ein reines, heiliges und vorbildliches Leben führt. Ein Beispiel geben ist immer besser als lehren, und eine Unze Praxis ist mehr wert als Tonnen von Theorie.

12. Sich seiner geistigen Errungenschaften zu rühmen und Freunden davon zu erzählen, ist eine sehr schlechte Angewohnheit. Wenn man über seine Erfahrungen spricht, verzögert das den geistigen Fortschritt und führt

oft zu einem Rückschlag, weil Lob oder Tadel immer damit verbunden sind. Vom geistigen Standpunkt aus gesehen werden unsere Freunde und Verwandten oftmals unsere schlimmsten Feinde. Man muß darum seine geistigen Erfahrungen immer für sich behalten. Allein seinem Guru sollte man darüber berichten, damit er einem, falls nötig, Anweisungen geben kann; auf keinen Fall aber sollte man darüber mit anderen sprechen. Sonst verliert man das, was man schon erreicht hat, und muß es sich nochmals hart erarbeiten. Das ist keine Übertreibung. Es ist eine Warnung, die der Autor nach eigenen Erfahrungen mit vielen Sadhakas glaubt geben zu müssen.

13. Niemals sollte man sich vor dem Erreichen von Nirvikalpa Samadhi die Rolle eines Guru anmaßen. Selbst wenn man fortlaufend weiterkommt auf dem geistigen Weg, ist es mit dem geistigen Fortschritt vorbei, wenn man anfängt, Schüler anzunehmen. Erstens ist es keineswegs eine leichte Sache. Zweitens hat man einem Schüler, wenn man ihm die Einweihung gibt, einen neuen Leib (*Dharma Kaya*) und ein neues geistiges Leben zu schenken. Dabei muß der Guru die Sünden des Schülers auf sich nehmen. Ist er ein Erleuchteter, vermag er diese Sünden durch seine übernatürlichen Kräfte leicht aus dem Wege zu räumen. Wenn sich jedoch ein gewöhnlicher Sterblicher die Rolle eines Guru anmaßt, sinkt er tiefer und tiefer, ist Demütigungen ausgesetzt und zieht sich unheilbare Krankheiten zu. Dies ist keine Übertreibung. Eine solche Rolle spielen zu wollen, ist für einen geistig Strebenden wirklich eine große Verlockung. Wenn reiche und einflußreiche Menschen kommen, sich vor ihm niederwerfen und um geistige Unterrichtung und Führung bitten, denkt der Sadhaka, daß er das Ziel seines

Lebens erreicht hat, und in seiner Verblendung und seinem Stolz fängt er an, Schüler einzuweihen, Ashrams zu gründen usw. Als Folge davon gerät er in furchtbares Leid, anstatt das zu finden, wonach er suchte: wahren Frieden und wirkliche Seligkeit.

14. Ein anderes verlockendes Unternehmen, das sich als großes Hindernis auf dem Wege geistiger Entfaltung erweist, ist die Anwendung übernatürlicher Kräfte. Dies ist, in der Tat, außerordentlich gefährlich, kommt es doch einem Spiel mit dem eigenen Leben gleich. Es gibt viele Beispiele dafür, daß geistig Strebende (Sadhakas), die von ihren übernatürlichen Kräften Gebrauch machten, ihr Leben völlig ruinierten, und am Ende ihre Verfehlung sühnten, indem sie sich das Leben nahmen. Man erlangt diese Kräfte mit dem vollen Aufstieg der Kundalini Shakti zu höheren Zentren. Manche verfügen schon von Geburt an über geringfügige Siddhis (übernatürliche Kräfte). Ein Sadhaka (ein geistig Strebender) richtet sich geistig völlig zugrunde, wenn er sich irgendwelchen Sinnesfreuden hingibt. Siddhis zu besitzen bedeutet, sich kraft seines Willens sämtliche Freuden aller fünf Sinne verschaffen zu können. Darin liegt die Schwierigkeit, die Siddhis richtig anzuwenden. Viele werden nur allzuleicht ein Opfer ihres Verlangens nach Ehre und Ruhm, nach sinnlicher Lust, Reichtum und dergl., und so werden Siddhis oftmals benutzt, um sich diese Dinge zu verschaffen. Sind sie erreicht, kommt die Reaktion. Während dieser Zeit verlieren die Sadhakas alle ihre Siddhis; sie kommen herunter, entwürdigen sich selbst, leiden unter Demütigungen und bereiten sich ein elendes Leben. Sehr oft haben sie nicht die Kraft, die Erniedrigungen zu ertragen und nehmen sich das Leben. Man

sollte sich darum vor Siddhis in acht nehmen! Es sind keine Errungenschaften, sondern eher Hindernisse auf dem Weg zum höchsten Ziel. Ein ernsthaft Strebender, der entschlossen ist, das letzte Ziel zu erreichen, sollte die Siddhis verachten und ihnen als Unreinheiten aus dem Wege gehen.

15. Im Laufe seiner geistigen Bemühungen (seines Sadhana) erlebt der Sadhaka oftmals ein teilweises Aufsteigen der Kundalini Shakti. Viele Sadhakas und ihre Gurus wissen nicht, was dies zu bedeuten hat. (Dies wird ausführlich im Buch des Autors *»Die Urkraft im Menschen – oder die Kundalini Shakti«* erklärt. Wer sich genauer darüber unterrichten möchte, möge dies Buch lesen.) Wird das teilweise Aufsteigen der Kundalini Shakti nicht richtig beachtet und in die rechten Bahnen gelenkt, kommt es zu den verschiedensten Krankheiten. Wenn die Kundalini Shakti bei ihrem Aufstieg ins Gehirnzentrum eintritt, erreicht man eine ziemlich tiefe Konzentration des Geistes, und es mag vorkommen, daß man vor innerer Erregung Tränen vergießt. Einige beginnen in der Ekstase zu tanzen. Doch wenn man die teilweise aufgestiegene Shakti nicht richtig beherrscht, kann sie nicht lange im Gehirnzentrum bleiben, und hier liegt die Gefahr. Wenn sie nämlich plötzlich hinunterfällt in das unterste Zentrum, das Muladhara Chakra, befällt den Sadhaka ein ungeheures sexuelles Verlangen. Und wenn er nicht stark genug ist, dieser Versuchung zu widerstehen, wird er leicht ein Opfer der Lust und ruiniert seinen ganzen geistigen Werdegang. Darum endet die geistige Entfaltung so mancher Sadhakas, die die verborgenen Gesetzmäßigkeiten der aufsteigenden Kundalini Shakti nicht kennen, in Ausschweifung. Ein Sadhaka sollte des-

halb beim teilweisen Aufstieg der Kundalini Shakti äußerst wachsam und sehr vorsichtig sein. Ein geringes ernsthaftes Bemühen bringt sie zum Steigen. Wenn Anzeichen dafür da sind, sollte man sich an höhere und strengere Übungen (Sadhanas) halten, um die Kundalini Shakti in ihrer ganzen Fülle zu Sahasrara hinaufzubringen. Dies ist der einzige Weg, sich vor Irrtümern und Gefahren zu bewahren.

16. Das geistige Bemühen sollte immer mit Gleichmäßigkeit und Beharrlichkeit weitergeführt werden. Du solltest die Zeit für Jap und Tap (für die Wiederholung des Mantra und Meditation) nicht verlängern, ehe du nicht Vertrauen in deine geistigen Übungen und Freude daran hast. Niemals solltest du dich erschöpft oder angestrengt fühlen, wenn du dich nach Beendigung von Jap und Tap erhebst. Im Gegenteil, du solltest unendliche Kraft, grenzenlosen Frieden und tiefe Seligkeit in dir fühlen. Dies sind die Zeichen wirklichen Wachstums und Fortschritts. Gehe mit der Zeitdauer deiner Übungen von Jap und Tap niemals über deine Kräfte hinaus. Überanstrenge niemals deinen Geist. Wenn du dich aber einmal für eine längere Übungszeit entschieden hast, dann solltest du dich auch mit Freuden daran halten. Solange das nicht möglich ist, solltest du die Zeit nicht verlängern.

17. Eine andere große Gefahr, mit der ein Sadhaka rechnen muß, ist die Zeit der Reaktion. Kommen muß sie. Manche erleben sie oft, und sie dauert dann wenige Stunden oder einen oder zwei Tage lang. Bei anderen tritt sie nur gelegentlich auf und in einer sehr schlimmen Form. Während einer solchen Reaktionszeit verlieren die Menschen oftmals die Hoffnung, sind niedergeschlagen und geben ihre geistigen Bemühungen (Sadhana) auf.

Es gibt Fälle, in denen Sadhakas, weil sie von den Reaktionszeiten nichts wußten und ihnen die Kraft fehlte, sie durchzustehen, sich das Leben nahmen. Während der Phase der Aktivität sind Körper und Geist gesund. Jap und Tap machen einem große Freude, und man hat das Gefühl, daß man ziemlich schnell vorankommt, und daß das Erreichen von Samadhi bzw. von Gottverwirklichung nur noch eine Sache von Tagen sei. Allzu plötzlich setzt dann die Reaktionszeit ein. Während dieser Zeit läßt die geistige und körperliche Gesundheit nach; die Umgebung erscheint einem ungünstig, und Jap und Tap werden langweilig; ein unbekannter Kummer überfällt den Menschen. Man weiß keinen eigentlichen Grund dafür, aber man fühlt sich unglücklich und trostlos. Es ist ein sehr elender Zustand. Ein Sadhaka, der regelmäßig und systematisch weiterarbeitet, kommt leicht über diese höchst gefährliche Zeit hinweg. Das zweitbeste Mittel, sie zu überstehen, ist leichtes Fasten (mit Früchten und Milch), Gebet, Jap, Meditation, ein Leben in Gemeinschaft mit dem Guru oder mit Heiligen und das Lesen guter und erhebender Bücher.

18. Sehr oft machen Sadhakas zu Beginn ihres geistigen Trainings den Fehler, sich für lange Zeit in die Einsamkeit zurückzuziehen. Für einen Anfänger ist jedoch langes Alleinsein schlimmer als ein Leben inmitten weltlicher Dinge. In Zeiten der Aktivität genießt man die Einsamkeit; während der Reaktion jedoch fühlt man sich sehr niedergeschlagen; und da man den Geist nicht Tag und Nacht mit Jap, Meditation usw. beschäftigen kann, erscheint einem alles reizlos, die heimlich unterdrückten Gefühle und niedrigeren Neigungen des Geistes gewinnen an Intensität, und man läßt sich von ihnen leicht über-

mannen; damit ist der ganze weitere geistige Werdegang in Frage gestellt. Am Anfang sollte man deshalb langes Alleinsein vermeiden. Wenn man dann auf dem geistigen Weg genügend vorangekommen ist und die Stufe erreicht hat, auf der es möglich ist, seinen Geist willentlich und ununterbrochen mit Meditation zu beschäftigen, kann man zweifellos unermeßlichen Gewinn aus der Zurückgezogenheit ziehen.

Zum Schluß sei noch gesagt, daß ein Sadhaka immer heiter sein sollte. Er muß unendliche Geduld, Ausdauer, Mut und Hoffnung haben. Trotz der Fehlschläge sollte er mit seinen geistigen Übungen (seinem Sadhana) fortfahren. Er muß festen Glauben an sich selbst, Glauben an Gott, Glauben an die Heiligen Schriften und Glauben an seinen Guru haben. Er muß einen fest umrissenen Weg vor sich sehen und ein glühendes Verlangen nach Wahrheit und Befreiung haben. Übrigens sollte ein Sadhaka Extreme vermeiden. Immer sollte er den Mittelweg nehmen und mit seinem Sadhana (seinem geistigen Bemühen) fortfahren, bis er das Höchste erreicht. Im Sadhana sollte es keine Kompromisse geben. Wer alles genau beachtet, kann ohne Zweifel das höchste Samadhi erreichen.

19. Samadhi

Wie schon in den früheren Kapiteln gesagt wurde, bedarf es großer geistiger Anstrengungen (Sadhanas), um Pratyahara zu erreichen und es mit Erfolg zu üben. Nur wenn ein Mensch fähig ist, Sinne und Geist zu beherrschen und genügend innere Reinheit besitzt, bringt er es zu Pratyahara und kann es erfolgreich ausüben. Pratyahara nennt man die Fähigkeit, den Geist willentlich an einen angenehmen oder unangenehmen Gegenstand zu binden oder ihn von ihm zu lösen, um ihn auf eine bestimmte Stelle zu richten und ihn dort festzuhalten, ohne an den angenehmen oder unangenehmen Gegenstand zu denken. Das ist ganz gewiß keine leichte Aufgabe. Es erfordert sehr viel Übung und große Willenskraft. Nachdem man in Pratyahara Sicherheit gewonnen hat, sollte man sich um Dharana bemühen, d.h. man sollte den Geist weiterhin trainieren, und anstatt ihn auf eine Stelle zu richten, sollte man jetzt versuchen, ihn in einem Punkt festzuhalten. Und wenn es einem gelingt, den Geist auf einen Punkt zu richten und ihn dort zwölf Sekunden lang *willentlich* festzuhalten, während man seinen Körper und seine Umgebung vergißt, gelangt man zu Dharana. Wer so weit gekommen ist, hat inneren Frieden und erfreut sich vollkommener Gesundheit; außerdem wird er ein Mensch mit hervorragendem Charakter. Der nächste Schritt ist

Dhyana. Wenn man mit der Konzentration auf einen Punkt fortfährt und den Geist zwei Minuten und vierundzwanzig Sekunden in einem Punkt festhalten kann, und wenn man dabei alles, auch seinen eigenen Körper und die ganze Welt, vergißt, erreicht man Dhyana. Dhyana führt zu Samadhi. Im Samadhi muß man fähig sein, den Geist auf einen Punkt zu konzentrieren und ihn in diesem einen Punkt achtundzwanzig Minuten und achtundvierzig Sekunden festzuhalten. Samadhi ist der letzte und höchste Bewußtseinszustand, der Höhepunkt des Sadhana (des geistigen Bemühens) und der Konzentration.

Stelle dir einmal als Zentrum eines Universums eine Sonne vor, die billionenmal größer ist als unsere Sonne, und deren Strahlen in alle Richtungen gehen, nach Osten, Westen, Norden, Süden, nach oben und nach unten, und den gesamten Raum des Universums erfüllen. Denke dir weiter, daß diese unzähligen Strahlen der Sonne, die vom Mittelpunkt ausgehen, das äußerste Ende ihrer Reise erreichen, und da sie keinen Raum mehr finden, den sie erfüllen könnten, und ihre eigenen Kräfte nahezu erschöpft sind, beenden sie ihren Weg. Die unzähligen Strahlen, die von der Sonne ausgehen, haben ihre eigene Existenz; in ihrer Unwissenheit meinen sie jedoch, völlig verschieden voneinander und von der Sonne zu sein. Dies ist sicherlich ein passendes Bild, um die Beziehung zwischen Paramatman und dem Jivatman deutlich zu machen. Die Sonne mag hier mit Brahman oder Gott verglichen werden, und die zahllosen Strahlen der Sonne mit den individuellen Seelen (den Jivas). In ihrer Vergeßlichkeit wissen die Jivas nichts mehr von ihrem wahren Urgrund (von Brahman oder Gott) und meinen, daß sie völlig verschieden voneinander und von Gott seien. Samadhi ist nun gerade der Prozeß, durch den es dem Lichtstrahl möglich wird, seinen Weg bis zum Ursprung zurückzuverfolgen und mit der Sonne eines zu werden. Während der Lichtstrahl der Sonne näherkommt, erkennt er seinen Irrtum und begreift die Wahrheit, daß die Sonne die einzige Wirklichkeit ist, und daß die vielerlei Strahlen, die den ganzen Raum des Universums erfüllen, keine Sonderexistenz neben der Sonne haben. Genauso gelangt ein Mensch, der Samadhi erreicht, zu Brahman und verliert seine Unwissenheit. Er gelangt zu Weisheit und sieht Brahman überall, und Brahman allein. Nur in Samadhi erreicht man höchste Weisheit. Um also zu Weisheit und zur Befreiung zu gelangen, muß man die höchste Art des Samadhi, Nirvikalpa Samadhi, erreichen.

Es gibt zwei Arten von Samadhi: *Savikalpa* und *Nirvikalpa* Samadhi (Samadhi mit Form und ohne Form), die auch *Samprajnata* und *Asamprajnata* genannt werden. Entsprechend der Natur des Gegenstandes, den man für die Konzentration verwendet, lassen sich weiterhin verschiedene Arten von Savikalpa Samadhi unterscheiden. Welcher Art aber auch der Konzentrationsgegenstand sein mag (seien es nun die gröberen oder subtilen Elemente, *Tanmatras* genannt, oder sei es die Ishta-Devata), das Hauptmerkmal von Savikalpa Samadhi ist dies, daß es im Geist den Dualitätsgedanken fortbestehen läßt, d.h. der Meditierende bleibt getrennt vom Gegenstand der Meditation. In diesem Samadhi kann man den Geist nicht völlig im Selbst aufgehen lassen. Immer bleibt die Vorstellung vom Meditierenden und dem Gegenstand der Meditation gegenwärtig. Bei einem Menschen, der auf die Gestalt seiner Ishta-Devata (der von ihm erwählten Gottheit) meditiert und beständig in diesem einen

Gedanken und dieser einen Gestalt lebt, nimmt der Geist schließlich die Form dieses Gedankens an und es kommt der Zeitpunkt, an dem er eine Vision seiner Ishta-Devata erlebt. Am Anfang ist diese Vision rein subjektiv. Mit der Zeit jedoch, nach sehr strengem Bemühen, materialisiert sie sich und wird objektiv. Wenn der Gottergebene diese Stufe erreicht hat, sieht er seine geliebte Gottheit mit seinen bloßen Augen und fühlt ihre Gegenwart. Er kann sie berühren und mit ihr sprechen, wie mit seinen nächsten und besten Freunden. Trotzdem kann diese Vision nicht gänzlich objektiv genannt werden. Denn ein neben dem Gottergebenen stehender unreiner und unwissender Mensch kann Gott nicht sehen, während ein Mensch mit einem reinen Geist ihn sieht. Darum kann eine solche Vision genau genommen weder subjektiv noch objektiv genannt werden. Sie ist beides, und geht dennoch über beide hinaus. Wenn ein Gottesverehrer eine solche objektive Vision seiner Ishta-Devata jederzeit und wann es ihm beliebt hervorrufen kann, hat er den Höhepunkt von Savikalpa Samadhi erreicht.

Welchen Weg man auch einschlagen mag, um auf seine geistigen Bemühungen Antwort zu erhalten und Samadhi zu erreichen, die Kundalini Shakti (die zentrale körperliche Kraft) muß voll und ganz von Muladhara (dem niedrigsten Zentrum) aufsteigen und das Kopfzentrum (das Ajna-Chakra) erreichen. Solange ein Mensch sich mit Savikalpa Samadhi zufriedengibt, bleibt die Kundalini Shakti im Ajna-Chakra und bewegt sich zwischen dem Visuddha-Chakra und dem Ajna-Chakra; auf keinen Fall aber kann sie unter das Visuddha-Chakra gelangen. Mit dem Erreichen von Savikalpa Samadhi gewinnt der Mensch etwas Substantielles, das bleibt. Er braucht keinen Rückschlag zu fürchten. Er bleibt ein Mensch vollkommenen Charakters und steht weit über einem gewöhnlichen Sterblichen. Niemals erliegt er irgendeiner Versuchung, noch den Neigungen des Geistes zu Schwachheiten und Bösartigkeiten, wie z.B. der sinnlichen Begierde, dem Ärger und dem Haß, der Habgier, der Eifersucht und dem Verlangen nach Ehre und Ruhm usw. Er ist in der Wahrheit fest verankert und weiß genau um die Nichtigkeit der weltlichen Dinge. Er lebt in einer ständigen göttlichen Ekstase und hat nur den einen Wunsch und Gedanken, die angebetete Gottheit unablässig zu lieben, in Ihr zu leben und mit Ihr Gemeinschaft zu haben. Im Zusammensein mit seinem geliebten Herrn ist er immer zufrieden. Manche Sadhakas, in denen die Gefühlskraft überwiegt, haben nicht den Wunsch, über dies Samadhi hinauszugehen. Sie finden die größte Freude am Umgang mit ihrem geliebten Herrn, wenn er ihnen in Visionen erscheint, und sind damit völlig zufrieden. In der Tat, sie möchten Süßigkeiten naschen – und wolllen nicht selbst zur Süßigkeit werden.

Wer die höchste Form von Savikalpa Samadhi erreicht hat (die kraft seines Willens gewonnene objektive Vision Gottes), kann, wenn er es möchte, leicht zu Nirvikalpa Samadhi gelangen. Aus dem Leben von Sri Ramakrishna Paramahamsa wird berichtet, daß er seinen geistigen Entfaltungsweg als Priester der göttlichen Mutter Kali begann. (Sri Ramakrishna Paramahamsa lebte in der Mitte des neunzehnten Jahrhunderts von 1836 bis 1886, – und Swami Vivekananda, sein bedeutendster Schüler, gründete im Namen seines Guru die Sri Ramakrishna Mission.) Mutter Kali war die Ishta-Devata von Sri Ramakrishna, und er war genau in den Gottesdienst der Mutter eingeweiht. Nachdem er eine Zeitlang als Priester tätig war, überwältigte ihn das brennende Verlangen, die Mutter möge ihm in einer Vision erscheinen. In seinem Bemühen um Gottverwirklichung vergaß er Essen, Schlafen und alle körperlichen Annehmlichkeiten und verbrachte seine ganze Zeit mit Gottesdienst, Jap und Tap (mit der Wiederholung des Mantra und Meditation). Im Laufe der Zeit wurde dies Sehnen und Verlangen nach Gottverwirklichung außerordentlich stark. Eines Tages saß Sri Ramakrishna sehr lange in Meditation vertieft und bat die göttliche Mutter inbrünstig, sie möge ihm in einer Vision erscheinen; doch blieben alle seine Gebete unerhört, und da ihm das Dasein schließlich ohne eine Vision der Mutter unerträglich wurde, beschloß er, seinem Leben ein Ende zu setzen. Sich umsehend, erblickte er in einer Ecke des Tempels ein an der Wand hängendes Schwert. Schnell erhob er sich und stürzte darauf zu. Bevor er jedoch die Ecke erreichen und das Schwert ergreifen konnte, sah er vom Bild der Mutter Kali ein strahlendes, blendendes Licht ausgehen, und nun erblickte er die göttliche Mutter in einer Vision – und verlor sich stundenlang in Samadhi.

Selbst nach dieser Vision gab sich Sri Ramakrishna nicht zufrieden. Er wollte die Vision der Mutter immer und willentlich herbeiführen können, und so meditierte er noch intensiver und schließlich gelang es ihm, eine Vision der Mutter herbeizuführen, wann immer er wollte. Nachdem er diese höchste Form von Savikalpa Samadhi erreicht hatte, pflegte Sri Ramakrishna die göttliche Mutter zu sehen und mit ihr zu sprechen, wie er mit seinen nächsten und besten Freunden sprach. Weiter wollte er nicht gehen, und so hörte er mit seinem Sadhana (seinen geistigen Übungen) auf. Eines Tages jedoch, als er im Hofraum des Kali-Tempels in Dakshineswar stand und nach dem in den Ganges führenden Bootssteg (dem Ghat) schaute, sah er ein Boot kommen und dort anlegen. Aus dem Boot sah er einen hochgewachsenen, kräftigen, unbekleideten Mönch steigen, und es war niemand anders als Paramahamsa Tota Puriji. Paramahamsa Tota Puriji war hocherfreut, den jungen zweiundzwanzigjährigen geistig so hoch entwickelten Ramakrishna zu sehen. Mit seinem hellseherischen Blick erkannte er, wo der junge Mann stand und welcher weiteren Hilfe er bedurfte. Er sagte zu Sri Ramakrishna: »Warum bemühst du dich nicht, weiterzugehen? Du solltest die Übungen des Adwaita (Jnana-Marga) durchführen und Nirvikalpa Samadhi erreichen.« Ramakrishna hatte sich jedoch völlig der göttlichen Mutter anheimgegeben und wollte nichts tun, ohne sie um ihren Rat zu fragen. So antwortete er Tota Puriji, daß er die Mutter fragen wolle und ihn über ihre Antwort unterrichten würde. Paramahamsa Tota Puriji war damit einverstanden. Sri Ramakrishna ging zur Mutter, warf sich vor ihr nieder und berichtete ihr über Paramahamsa Tota Puriji und was er gesagt hatte. Die göttliche Mutter segnete ihn und sagte: »Mein Sohn! Ich habe den Mann um deinetwillen hierher gebracht, und du kannst dich von ihm einweihen lassen und mit den Übungen des Jnana-Yoga (des Adwaita) beginnen.« Nun kehrte Ramakrishna zu Paramahamsa Tota Puriji zurück, der im Tempelhof stand und auf ihn wartete und bat ihn, ihn einzuweihen und ihn in den für das Erreichen von Nirvikalpa Samadhi notwendigen Übungen zu unterweisen. Zu diesem Zweck entschied man sich für einen abgelegenen Raum, und Ramakrishna wurde dort zur festgesetzten Zeit eingeweiht. Paramahamsa Tota Puriji lehrte Ramakrishna, zu unterscheiden und die Welt der Erscheinungen zu vergessen, alle Namen und Formen hinter sich zu lassen und seinen Geist auf den formlosen Aspekt Brahmans zu konzentrieren. Ramakrishna versuchte es, aber es gelang ihm nicht. Er konnte seinen Körper und die ganze Welt vergessen; doch war es ihm einfach nicht möglich, die göttliche Mutter zu vergessen und über ihre Gestalt hinauszugehen. Er berichtete dies Tota Puriji. Tota Puriji wurde zornig. Er nahm ein Stückchen Glas, das in der Nähe lag, drückte es in Ramakrishnas Stirn zwischen den Augenbrauen und befahl ihm, seine ganze Energie zusammenzunehmen, um zu unterscheiden und sämtliche Namen und Formen, einschließlich der Gestalt der Mutter, zu vergessen und sich auf die Stelle zu konzentrieren, wo er das Stückchen Glas hineingedrückt hatte. Sri Ramakrishna tat, wie ihm befohlen war, und diesmal hatte er Erfolg: innerhalb von fünf Minuten erreichte er Nirvikalpa Samadhi, d.h. er hörte auf zu atmen und saß bewegungslos da wie ein Stück Holz. Tota Puriji war nicht nur erfreut, sondern sogar höchst erstaunt, als er den bewegungslosen Körper von Sri Ramakrishna sah. Behutsam und sorgfältig untersuchte er den Körper, und als er alle Anzeichen von Nirvikalpa Samadhi fand, rief er aus: »Mein Gott! Das ist wahrhaftig ein Wunder! Ich brauchte vierzig Jahre lang intensiven Tapasyas (intensiven geistigen Bemühens), um Nirvikalpa Samadhi zu erreichen; und dieser junge Mann hat es in fünf Minuten geschafft!«

Selbst wenn man es zu Savikalpa Samadhi gebracht hat, ist das Höchste noch nicht erreicht. Vom Ajna Chakra muß die Kundalini Shakti zu Sahasrara hinaufgeführt werden. Nur wenn sie Sahasrara erreicht und sich mit Shiva vereint, löst sich die Schöpfung auf und man gelangt in Nirvikalpa Samadhi. Denn im Schöpfungsprozeß scheint sich die Kundalini Shakti (die schöpferische Kraft Brahmans) abzuspalten, sich loszulösen und zu Geist und Materie bzw. zu den fünf Elementen zu entfalten. Wenn nun die Shakti den Rückweg antritt und aufsteigt, nimmt sie alles wieder in sich auf, was sie entfaltet hatte. Bei der Evolution (der Ent-faltung) wurde sie gröber und gröber, und bei der Involution (der Ein-faltung) wird sie subtiler und subtiler; und wenn sie den Ausgangspunkt erreicht und sich mit Shiva wiederum vereint, tritt sie in ihren kausalen Zustand ein. Eine solche Vereinigung von Shiva und Shakti findet bei der sexuellen Vereinigung (des männlichen und weiblichen Geschlechts) in ihrer gröbsten Form statt. Während dieses Vorgangs vereinigen sich die positiven und negativen Kräfte, und der Erfolg ist sexueller Genuß und Schöpfung (Nachkommenschaft). Doch die Vereinigung von Shiva und Shakti in ihrem kausalen Zustand ist die Seligkeit von Samadhi, die man ohne die Sinne und Sinnesgegenstände erreicht, und die weitaus mehr Ruhe und Zufriedenheit vermittelt, als irgendeine materielle Freude. Nur wenn die Kundalini Shakti Sahasrara erreicht, kann man zu Nirvikalpa Samadhi gelangen, und niemals auf andere Weise.

Nirvikalpa Samadhi wird auch Asamprajnata Samadhi, Nirvana, Turiya-Zustand oder transzendentaler Bewußtseinszustand usw. genannt. Wie man es aber auch nennen mag, die Erfahrung und die Seligkeit, die jedermann fühlt, der es erreicht, sind dieselben. Es ist ein einzigartiger Zustand, jenseits der Reichweite und Fassungskraft eines gewöhnlichen Sterblichen, wie weise und intelligent er auch sein mag. Nur sehr, sehr wenige Menschen sind so glücklich, ihn zu erfahren. Wenn der Geist rein und heilig und von allen Wünschen, Sünden, Unlauterkeiten, Anhänglichkeiten und Abneigungen befreit ist, und wenn die Kundalini Shakti ganz in den Sushumna Nadi eintritt, schließlich Sahasrara erreicht und sich mit Shiva vereint, gelangt man in den höchsten Bewußtseinszustand: in Nirvikalpa Samadhi. Jeder Wunsch, ob gut oder schlecht, entspringt einem Mangel, und Mangel gibt es nur in der Dualität. Darum sind Wünsche jeglicher Art nur ein Hindernis auf dem Weg zum Erreichen des Höchsten. Um zu Nirvikalpa Samadhi zu gelangen, muß selbst das Verlangen nach Moksha (nach Freiheit) aufgegeben werden.

Auf der ersten Stufe der Meditation ist die Vorstellung von Subjekt, Objekt und Wissen vorherrschend. Name und subtile Form sind immer miteinander verbunden und nicht voneinander zu trennen. Geist, Ego, Wille, Intellekt und Chitta (das Reservoir des Geistes) vereinigen sich nicht. Sie bleiben isoliert und geraten in Konflikt miteinander. Wenn aber der Sadhaka nach hartem Üben die Stufe von Dharana und Dhyana erreicht, lernen Geist, Wille, Intellekt, Ego und Chitta sich zu vereinigen und finden große Freude in dieser Einheit. Fährt man fort, sich in der Konzentration (in Dharana) zu üben, sammeln sich die zerstreuten Kräfte des Geistes, des Willens, des Intellektes, des Chitta usw., ergänzen und vereinigen sich, und die gesamte Energie des Geistes wird auf einen Punkt gerichtet und konzentriert. Die gröberen Formen und Gegenstände der Meditation verschwinden, und nur die subtile Bedeutung, der die zusammengefaßte Kraft folgt, bleibt. Die Konzentration wird nun tiefer und subtiler, und der Atem sehr ruhig und langsam. Auf dieser Stufe wird es einem möglich, den subtilen Sushumna Nadi, das geistige Herz und das Jivatman wahrzunehmen. Das geistige Herz ist nicht das physische Herz, es liegt auf der rechten Seite der Brust. Fünf Zentimeter über der Herzgrube und ein wenig unter der rechten Brustwarze ist der Sitz des Jivatman (des Selbst). Man kann weder vom geistigen Herzen noch vom Jivatman irgendeine Größe oder Form angeben. Man kann sie nur als ein alles durchdringendes, von einem Punkt ausgehendes und sich sozusagen unmittelbar verbreitendes Licht, das keine Zeit braucht, wahrnehmen. Dieser Punkt ist der Sitz des Jivatman (des individuellen Bewußtseins) und der des geistigen Herzens. Manche mögen das Gesagte bezweifeln. Ein Beispiel möge es begreiflich machen. Elektrizität durchdringt und erfüllt die ganze Welt und ist überall. Im allgemeinen sieht man sie nicht, da sie sehr subtil und formlos ist. Wenn sie sich jedoch konzentriert und durch einander berührende Wolken in Bewegung gebracht wird, sehen wir Blitze und hören das Rollen des Donners. In ähnlicher Weise wird das formlose Jivatman in tiefer Meditation im geistigen Herzen sichtbar. Es handelt sich dabei um eine geistige Vision. Nur wenn der Geist rein, subtil und gesammelt ist, kann man diese Vision sehen. Vertieft sich eine solche subtile Konzentration noch mehr, und erreicht die voll aufgestiegene Kundalini Shakti das Visuddha Chakra (das Kehlkopfzentrum) oder das Ajna Chakra (das Zentrum zwischen den Augenbrauen), so sieht man ein alldurchdringendes silbriges Licht (göttliches Licht). Folgt man diesem Licht, so scheint es, als ob es von einem Punkt ausginge. Richte den Geist nun mit aller Kraft auf diesen Punkt. Der Punkt scheint weiter und weiter zurückzuweichen, und der gesammelte Geist folgt sozusagen dem Punkt mit seiner ganzen Energie. In diesem Augenblick beugen viele unbewußt ihren Körper nach vorne, und einige fallen sogar und verlieren so ihre Sitzhaltung. Da ein solcher Sturz das Weiterkommen hindert, sollte das Asana (der Sitz) immer fest und sicher sein. Konzentriere den Geist weiter scharf auf den Punkt und folge ihm; nun vereinigt sich alles: Geist, Intellekt, Wille, Ego und das Chitta mit dem Lichtpunkt zu *einem* Bewußtsein. Auf dieser Stufe kann man zweierlei Erfahrungen haben: entweder schwindet das Körperbewußtsein, oder der Körper scheint größer und größer zu werden, bis er zuletzt eines mit der grenzenlosen Unendlichkeit wird. Wenn das Körperbewußtsein schwindet und die Kundalini Shakti das Kopfzentrum (Sahasrara) erreicht; wenn Geist, Wille, Chitta, Ego, Intellekt und der Lichtpunkt mit dem individuellen Bewußtsein verschmelzen und das individuelle Bewußtsein feiner, subtiler und mit dem höchsten Bewußtsein eines wird, hören die Atmung und das Schlagen des Herzens ohne die geringste eigene Anstrengung oder Schwierigkeit vollkommen auf. In diesem Bewußtseinszustand bleibt nichts, als das Meer des Bewußtseins an sich. Und dieser Bewußtseinszustand ist es, den man Nirvikalpa Samadhi nennt.

Im Bewußtseinszustand von Nirvikalpa Samadhi verschmelzen die Vorstellungen von Subjekt, Objekt und Wissen vollkommen miteinander. Da gibt es keinen Gedanken an den Körper, keine Spur vom Ego und den Sinnen. Wille und Intellekt stellen ihre Tätigkeit vollkommen ein. Geist und Chitta (das Reservoir des Geistes) verschmelzen mit dem höchsten Selbst. Alle körperlichen Tätigkeiten, die inneren und die äußeren, kommen zum Stillstand. Sogar das Schlagen des Herzens hört völlig auf. Das individuelle Selbst verschmilzt mit dem höchsten Selbst. Die Welt der Erscheinungen verschwindet. Die Vorstellung von Vielheit und sogar die von Einheit existiert nicht mehr. Denn wo der Gedanke an Eines ist, da ist auch der an zwei und an vieles. Das alles sind relative Begriffe, und darum kann es keinen ohne den anderen geben. Im Bewußtseinszustand des Samadhi sind die Begriffe von Abhängigkeit und Freiheit sinnlos geworden. Wenn es nur Eines gibt, das alles durchdringt (Gott oder Brahman), und sonst nichts, wer könnte von wem abhängig sein? Auf dieser Ebene können Freiheit und Abhängigkeit keinen Sinn mehr haben.

Der Bewußtseinszustand des Nirvikalpa Samadhi ist kein Schlafzustand. Es ist keine Halluzination und kein Traum. Es ist kein Schwächezustand und keine Krankheit. Es ist keine Ohnmacht und auch kein Tod. Es ist keiner dieser Zustände. Es ist ein Zustand ganz in sich selbst. Es ist sozusagen ein völliges Wachsein im Tiefschlaf. Es ist ein Zustand bewußten Tiefschlafs, was unwissenden Menschen paradox erscheinen muß. Aber es ist eine reine Tatsache. Hat man einmal den Bewußtseinszustand des Samadhi erreicht, bleibt auf Erden und im Himmel nichts mehr zu gewinnen, nichts mehr zu erreichen. Für einen solchen Menschen gibt es nichts mehr zu wünschen, nichts mehr zu ersehnen und keinen Mangel irgendwelcher Art. Er ist vollkommen zufriedengestellt. Worte vermögen diesen Zustand nicht richtig zu beschreiben. Denn er geht über das Fassungsvermögen von Geist und Intellekt hinaus. Auch dem Vorstellungsvermögen bleibt es versagt, sich ein Bild vom transzendentalen Bewußtseinszustand zu machen. Es ist weder etwas sinnlich Wahrnehmbares, noch etwas intellektuell Erfaßbares oder eine Offenbarung; es ist ein Zustand, eine Stufe, eine bleibende Errungenschaft für sich selbst. Erklärt kann es nicht werden; es kann nur erfahren, gefühlt und beglückend erlebt werden.]

Der Unterschied zwischen dem Zustand des Tiefschlafs und Nirvikalpa Samadhi ist folgender: im Tiefschlaf tauchen Geist, Ego, Wille und Intellekt vorübergehend und unbewußt in das Selbst ein, und man ist sich dieser Tatsache nicht bewußt. In Samadhi aber verschmelzen Geist, Wille, Ego, Intellekt, Chitta und Jivatman völlig und bewußt mit Brahman (dem höchsten Selbst). Es gibt da keine Lücke im Bewußtsein. Das normale Bewußtsein wird, wenn es sich weiter und weiter entfaltet, subtiler und feiner, bis es schließlich eines wird mit dem Meer des Bewußtseins an sich. Wenn ein Narr einschläft, wacht er auch als Narr wieder auf. Es vollzieht sich keine Veränderung in ihm, höchstens, daß er sich ein bißchen erfrischt und verjüngt fühlt. Zwischen einer Ohnmacht und einem Zustand des Rausches ist kein sehr großer Unterschied. Beim Tod stirbt nur der physische Körper. Der Geist, der subtile Körper und die Lebenskräfte werden nicht zerstört. Sie folgen dem Selbst (dem Jivatman) in ihrer subtilen und kausalen Form. Im Wach- und Traumzustand bleiben der grobe und der subtile Körper zusammen mit den groben und subtilen Sinnen und dem Geist in Tätigkeit. Im Zustand des Tiefschlafs bleibt im kausalen Körper die Idee der Sinne und des Geistes in ihrer kausalen Form erhalten. In Nirvikalpa Samadhi jedoch bleibt keines dieser Dinge wirksam. Dennoch ist man nicht ohne Bewußtsein (womit nicht das gewöhnliche Bewußtsein gemeint ist). Geist, Intellekt, Wille, Ego,

Chitta und Jivatman verschmelzen in Samadhi bewußt mit dem Meer des Bewußtseins. In diesem Zustand, im Bewußtseinszustand des Nirvikalpa Samadhi, bleibt nichts als das Meer des Bewußtseins an sich. Für Namen und Formen ist in diesem Zustand kein Platz. Es ist weder ein Ort des Lichtes noch ist es ein Ort der Finsternis. Die Sonne scheint dort nicht, und auch nicht der Mond oder die Sterne. Hier leuchtet nur der göttliche Geist aus sich selbst. Alle Himmelskörper erhalten ihr Leben und ihr Licht vom göttlichen Geist. Anders als im Tiefschlaf oder in der Ohnmacht, lenkt man im Samadhi bewußt Geist, Intellekt usw. von Punkt zu Punkt, geht Schritt für Schritt von gröberen zu subtileren Dingen, um sie schließlich mit dem Meer des Bewußtseins zu verschmelzen. Samadhi und der Zustand des Tiefschlafs sind himmelweit voneinander verschieden.

Wenn ein Mensch auch nur ein einziges Mal Nirvikalpa Samadhi erreicht, erfüllt ihn volle Zufriedenheit und vollkommene Seligkeit. Da er ununterbrochen in Brahman lebt und weilt, gibt es für ihn keinerlei Kummer und Sorge. Er sieht überall und in jeder Beziehung seine eigene wahre Natur und fühlt, daß er selbst das alldurchdringende Brahman ist. Selbst ein unwissender Mensch gelangt, wenn er nur ein einziges Mal diesen Bewußtseinszustand erreicht, zu vollkommener Weisheit. Hat man einmal Nirvikalpa Samadhi erreicht, so verschwinden alle Wünsche und alle Gedanken, alle Sünden haben sich aufgelöst, und man ist weder durch die Dualität gebunden, noch von Gegensätzlichkeiten bewegt. Man wird von allen Pflichten frei und geht über die Begriffe von Zeit, Raum und Endlichkeit und über die drei Gunas (Sattva, Rajas und Tamas) hinaus. Diesen Zustand, den

Bewußtseinszustand des Samadhi, zu erreichen, ist Zweck, Ziel, Sinn und höchstes Gut des Lebens.

Gelangt ein gewöhnlicher Sterblicher in diesen höchst erhabenen Bewußtseinszustand des Nirvikalpa Samadhi, kann er nicht mehr auf die Ebene relativen Bewußtseins zurückkommen, da er kein Karma mehr zu erfüllen hat. Mit dem Erreichen von Samadhi ist alles Karma erschöpft, und er ist rein und vollkommen. Ein solcher Mensch bleibt *einundzwanzig* Tage lang im Bewußtseinszustand des Samadhi – und verläßt dann den Körper für immer. Denn wenn ein Wassertropfen einmal ins Meer fällt, wie könnte er seine Individualität erhalten? Es ist unmöglich. Genauso wird ein gewöhnliches Jiva, wenn es einmal in Brahman eintaucht und mit ihm verschmilzt, eins mit Brahman. Eine Sekte der Vedanta-Schule vertritt darum die Auffassung, daß man wirkliche Weisheit und Nirvikalpa Samadhi nur nach dem Tode erreichen kann. Manche kommen in diesem Punkt zu keiner Klarheit. Neben den gewöhnlichen Jivas gibt es jedoch einige große, von Geburt an vollkommene Seelen, die als Inkarnationen Gottes, als Erlöser, Propheten und andere große Heilige mit einem göttlichen Auftrag, den sie zu erfüllen haben, auf diese Welt kommen. Und diese Menschen kehren selbst nach dem Erreichen von Nirvikalpa Samadhi auf unerklärliche Weise und durch eine besondere göttliche Gnade wieder zurück. Sie bringen die Kundalini Shakti in die Region des sechsten Zentrums (des Ajna Chakra) oder allenfalls in die Region des fünften Zentrums (des Visuddha Chakra) herunter, und zwischen Sahasrara und diesen beiden Zentren arbeitet die Kundalini Shakti weiter. Beim Zurückkommen aus dem Bewußtseinszustand des Nirvikalpa Samadhi auf die

Ebene relativen Bewußtseins behalten diese großen Menschen das geläuterte Ego und wirken für die leidende Menschheit. Sie verkünden ihre Botschaft und weisen den Menschen den Weg zur Freiheit (zu Moksha). In Samadhi können sie eintreten, wann immer es ihnen beliebt, und sie kommen auch *willentlich* wieder herab. Wer auch nur einmal in Nirvikalpa Samadhi war und es erlebt hat, läßt sich nach dem Zurückkommen in das Reich relativen Bewußtseins in gar keiner Weise von irgendetwas Materiellem oder Geistigem, Menschlichem oder Göttlichem täuschen. Denn er erkennt deutlich die göttliche Hand und die göttliche Absicht hinter Leben und Tod, hinter Tugend und Laster, Wohl und Wehe und allen anderen Dingen. Ein solcher Mensch hat keine Schwierigkeiten, keine Sorgen und keine Leiden; in allen Lagen bewahrt er sein vollkommenes inneres Gleichgewicht. Die von Menschen aufgestellten Gesetze sind für ihn nicht mehr bindend. Die Heiligen Schriften sind überflüssig für ihn geworden; er braucht sie nicht mehr. Denn seine Worte werden zu Heiligen Schriften, und seine Handlungen zu *Smritis* (Schriften, die sich mit den Regeln der sittlichen Lebensführung des Menschen von Geburt an bis zum Tode befassen). Wer Brahman kennt, wird selbst zu Brahman. Wer die Wirklichkeit kennt, wird selbst zu Gott; denn von Sünden, Unwissenheit oder Abhängigkeit ist nichts in ihm zurückgeblieben; und nach Samadhi bleibt nichts, als Brahman, und Brahman allein.

Ein Mensch, der aus dem Bewußtseinszustand von Nirvikalpa Samadhi zurückkommt, sieht zwar die Welt mit all ihren vielerlei Gegenständen, doch mit ganz anderen Augen. Seine Betrachtungsweise ist eine völlig andere geworden. Er sieht Brahman hinter jedem Namen, hinter jeder Form, und dasselbe Brahman erkennt er als sein eigenes Selbst. Kein Zweifel, sein Körper, seine Sinne, sein Geist, sein Wille, sein Ego und sein Intellekt arbeiten in normaler Weise; doch ist die Anhänglichkeit daran erloschen. Der Geist ist völlig losgelöst von den Sinnen und Sinnesgegenständen. Mit dem größeren Teil seines Geistes lebt er immer in Brahman. Auch nicht eine einzige Sekunde verliert er Brahman aus den Augen. Immer und unter allen Umständen bleibt er sich seiner wirklichen Natur bewußt. Ein solcher Mensch wird *Jivan-Muktah* (der in Freiheit Lebende) genannt. Nur ein Jivan-Muktah kann den Bewußtseinszustand des *Turiya* erfahren. Er überschreitet den Wachzustand, den Traumzustand und *Sushupti* (den Zustand des traumlosen Tiefschlafs). Tag und Nacht lebt er nun in *Turiya*, und allein ihm wird wirkliche Intuition zuteil.

Das Prarabdha-Karma und der Jivan-Muktah

Wie schon gesagt, wird ein Kenner Brahmans selbst zu Brahman. Denn der Geist, eine sehr subtile Kraft ohne eigene Farbe und Form, nimmt Form und Farbe des Gegenstandes an, an den er denkt. Ein Jivan-Muktah ist ein Mensch, der Nirvikalpa Samadhi erreicht hat und wiederum in das Reich relativen Bewußtseins zurückgekehrt ist. Selbst nach seiner Rückkehr auf die Ebene relativen Bewußtseins weilt sein Geist ununterbrochen mit den Gedanken bei Gott. Und so wird er zu Brahman. Übrigens heißt es in den Heiligen Schriften, daß ein Brahma-Jnani (ein Jivan-Muktah) keinen Körper hat und selbst bei seinen Tätigkeiten nicht handelt. Man sollte dies nicht wörtlich nehmen, wie manche es zu tun scheinen. Das wäre ein Fehler. Wenn die Heiligen Schriften sagen, daß ein Brahma-Jnani keinen Körper hat, so bedeutet dies, daß ein Brahma-Jnani oder ein Jivan-Muktah, weil er sich ständig mit Brahman identifiziert, kein Körper- bzw. kein Ich-Bewußtsein hat. Er identifiziert sich nicht mit dem Körper oder mit den Sinnen und dem Geist. Wenn er das Wort »ich« braucht, so meint er immer Atman oder Brahman. Dies ist der Grund, weshalb man sagt, daß er keinen Körper hat. Zweitens wird vom Jivan-Muktah gesagt, er würde trotz aller seiner Tätigkeiten nichts tun. Dies bedeutet, daß ein Jivan Muktah seine Handlungen ohne den geringsten Gedanken an das Ich, ohne Anhänglichkeit und ohne Verlangen nach den Früchten seines Handelns ausführt. Während er handelt, denkt er nicht an »ich« und »mein«, er hängt an nichts und ist nicht begierig auf den Gewinn aus seiner Arbeit. Ein solches Tun trägt darum keine Folgen. Im übrigen gleicht das Leben eines Jivan-Muktah einem verbrannten Seil. Die Asche eines verbrannten Seiles behält die Form eines Seiles, doch kann man damit nicht binden. Genauso kann nicht eine einzige seiner Tätigkeiten einen Jivan-Muktah binden. Dies bedeutet nicht, daß ein Jivan-Muktah alles mögliche Sündhafte oder Böse tun könnte. Das ist unmöglich. Ein meisterhafter Tänzer kann niemals einen falschen Schritt tun. Es kann nicht gleichzeitig Tag und Nacht sein. Solange im Menschen auch nur die geringste Spur einer Sünde da ist, kann sein Geist nicht vollkommen rein sein, und so kann er auch nicht Nirvikalpa Samadhi erreichen. Wenn wir einen Faden durch ein kleines Nadelöhr bringen wollen, muß der Faden gut gezwirbelt und auf einen Punkt zusammengedreht sein, so daß nirgends auch nicht ein einziges Fäserchen hervorsteht. Jede hervorspringende Faser hindert unser Vorhaben. In ähnlicher Weise muß auch der Geist, um zu Nirvikalpa Samadhi zu gelangen, völlig rein, sündenlos und ohne die geringste Spur eines Wunsches sein. Wenn alle Wünsche ausgelöscht und alle Sünden getilgt sind, kann man Samadhi erreichen. Nach Nirvikalpa Samadhi irgendetwas Sündhaftes zu tun, ist darum unmöglich. Alles was ein solcher Mensch tut, ist zum Wohle anderer.

Prarabdha Karma nennt man die Auswirkungen der Wünsche, Gedanken und Handlungen aus früheren Leben. Sie sind die Ursache unseres gegenwärtigen Lebens mit seinen Freuden und Leiden. Das Prarabdha Karma ist immer eine Mischung von Gutem und Bösem, von Tugend und Laster usw. Es ist darum nicht denkbar, daß ein Jivan-Muktah unter dem Einfluß von Prarabdha Karma steht; denn wäre dies der Fall, so würde er sowohl Gutes wie auch Böses tun, und das wäre widersinnig. Denn ein Jivan-Muktah ist ein vollkommener Mensch, und man kann nicht gleichzeitig vollkommen und unvollkommen sein. Es ist falsch, so zu denken. Nehmen wir z.B. einen Menschen, der an irgendeiner Krankheit leidet. Die Ärzte behandeln ihn, und durch die rechten Medikamente gelingt es ihnen, den Kranken zu heilen, und sie erklären ihm, daß er wieder vollkommen gesund ist. Wenn nun irgendein Unwissender kommt und behauptet, der Mann hätte immer noch die gleiche Krankheit, – was würden wir denken? Entweder würden wir die Darstellung der Ärzte, die von »vollkommener Gesundung« sprechen, – oder die Behauptung des Unwissenden, der sagt »der Mensch ist immer noch krank«, für falsch halten. Beide können nicht gleichzeitig recht haben. In ähnlicher Weise verstehen wir unter einem Jivan-Muktah immer nur einen in jeder Hinsicht vollkommenen und sündlosen Menschen, der seinen Geist beherrscht und über alles Dualitätsdenken hinausgekommen ist, der unablässig an Brahman denkt und ganz in Brahman lebt. Wie kann man einen solchen Menschen in Verbindung mit Prarabdha-Karma bringen? Wie kann man behaupten, er sei dem Einfluß des Prarabdha-Karma unterworfen? Der bloße Gedanke ist widersinnig.

Die meisten der sogenannten Brahma-Jnanis haben Nirvikalpa Samadhi nicht erreicht. Nirvikalpa Samadhi und wirkliches Brahma-Jnana (Wissen um Gott; höchste Weisheit) gehören immer zusammen. Sie sind untrennbar miteinander verbunden. Doch haben viele der sogenannten Jnanis nur ein großes Buchwissen, ohne die höchste Verwirklichung erreicht zu haben. Solche Buchgelehrten haben durch ihr Lesen von Büchern über Jnana lediglich einen verstandesmäßigen Begriff von Brahman und dem Atman. Sie greifen bestimmte Formeln heraus und sprechen sie gedankenlos nach. Von dem, was sie gelernt haben und bis zum Überdruß wiederholen, haben sie nur wenig praktische Erfahrung. Ihre Auffassung von der letzten Wahrheit ist sehr oberflächlich, und nicht selten leiden sie an innerer Ruhelosigkeit und sind Sklaven ihres Geistes und ihrer Sinne. Diese Art von Brahma-Jnanis bzw. solche, die sich als Jivan-Muktahs ausgeben, lassen sich leicht von den niedrigen und boshaften Neigungen des Geistes verführen; so verfallen sie der sinnlichen Begierde, dem Zorn, der Habsucht, dem Haß, der Geltungssucht, der Geldgier und dergl., sobald sie die Gelegenheit finden, ihnen heimlich zu frönen. Und um die Öffentlichkeit zu täuschen und der Bestrafung zu entgehen, behaupten solche Menschen, Jivan-Muktahs seien dem Prarabdha-Karma unterworfen. Um ihre Fehler zu bemänteln, erklären sie: »Oh, das alles ist mein Prarabdha-Karma. Das Schicksal ist unabwendbar. Was in meinem Schicksal liegt, muß eben kommen, und ich muß es auf mich nehmen. Doch wenn ich dies alles auch tue, so bringt es mich doch nicht in die geringste Abhängigkeit. Ich bleibe immer der Zeuge des Geistes, der Sinne und des Körpers«, usw. Dies ist nichts anderes als Selbstbetrug.

Wie läßt es sich denn erklären, daß ein Jivan-Muktah überhaupt lebt? Manche mögen diese Frage stellen. In den Heiligen Schriften heißt es, daß Gott selbst menschliche Gestalt annimmt, indem er seine täuschende Macht (Maya) zurückhält. Der gewöhnliche Sterbliche jedoch ist so beschaffen, daß er durch Maya entsprechend seinem Karma-Phala (den Auswirkungen seines früheren Tuns) Geburt annimmt, und dies sogar gegen den eigenen Willen. Wie kann Gott sich verkörpern ohne irgendwelches Karma-Phala (ohne Auswirkungen früheren Tuns)? Wie kann Gott Mensch werden und in dieser Welt leben? Gibt es überhaupt Gott-Inkarnationen? Sämtliche Heiligen Schriften sprechen von Gott-Inkarnationen, und so dürfen wir diesen Berichten vollen Glauben schenken. Wenn Gott Mensch werden und in dieser Welt ohne irgendwelches Prarabdha-Karma leben kann, dann kann auch ein Jivan-Muktah ohne Prarabdha-Karma leben. Wie bereits gesagt wurde, bleibt das Jiva eines gewöhnlichen Sterblichen nach dem Erreichen von Nirvikalpa Samadhi einundzwanzig Tage lang in diesem Samadhi, und verläßt dann den Körper für immer, da nichts vom Karma zurückgeblieben ist, was abgetragen werden müßte, und so gibt es keinen Grund für ihn, nochmals einen Körper anzunehmen. Nur große Seelen, Inkarnationen Gottes oder von Gott gesandte Menschen, kommen nach dem Erreichen von Nirvikalpa Samadhi herab ins Reich relativen Bewußtseins, um ihren göttlichen Auftrag zu erfüllen. Dies geschieht auf unerklärliche Weise und ist reine göttliche Gnade. Diese Menschen erleben sozusagen eine neue Geburt, wenn sie aus dem Bewußtseinszustand des Samadhi herabkommen. Im übrigen ist ein Jivan-Muktah ein freier Mensch, ein Kenner Brahmans, der in Brahman lebt und sein Sein in ihm hat. Zu denken, daß ein solches Wesen unter dem Einfluß von Prarabdha-Karma steht, ist einfach widersinnig.

Woran man einen Menschen, der das Höchste erreicht hat, erkennt

Ein Jivan-Muktah ist immer barmherzig, geduldig, aufrichtig, liebevoll und gleich zu allen; er ist ein Wohltäter aller Wesen; ist Herr seines Geistes und seiner Sinne; ist wunschlos, rein, und hat einen vollkommenen Charakter, d.h. er würde niemals seine Errungenschaften oder seine Weisheit zur Schau stellen; er ist beherrscht, andächtig, immer wachsam, ein Mensch mit vollkommenem inneren Gleichgewicht in Wohl und Wehe und allen gegensätzlichen Erfahrungen; er ist ein Mensch mit Seelenstärke und ein Meister der sechs Übel: Hunger, Durst, Kummer, Verblendung, Verfall und Tod; er hat kein Verlangen nach Ehre und Ruhm, achtet und ehrt jedoch andere, und ist freundlich mit den Glücklichen, barmherzig mit denen, die in Schwierigkeiten sind, und bleibt immer fest verankert in Brahman. Auch ist ein Jivan-Muktah immer heiter, zufrieden, ruhig und gelassen, vollkommen selbstlos, und hat immer einen gewinnenden Gesichtsausdruck mit klaren und reinen Augen, einem ruhigen Blick und angenehmer Stimme. Die Atmosphäre, die einen Jivan-Muktah umgibt, ist stets voller Frieden; und wann immer ihn ein gewöhnlicher Sterblicher mit einem bekümmerten Geist besucht, fühlt dieser, selbst wenn er nichts von der Größe des anderen weiß, unwillkürlich den Frieden und die Ruhe, die alles erfüllt, und er fühlt sich hingezogen zu dem Heiligen. Was ein Jivan-Muktah auch sprechen oder voraussagen mag, *es wird Wirklichkeit*. Solange er lebt, wirkt er als Meister, ohne den geringsten Gedanken an »ich« und »mein« und ohne die geringste Anhänglichkeit oder Erwartung irgendeines Nutzens aus seinem Tun.

In der Bhagavad-Gita (Kapitel II Vers 54-58) stellt Arjuna folgende Fragen an Krishna: »O Keshava, welches sind die Merkmale eines Menschen, der im Samadhi unerschütterliche Weisheit erlangt hat? Wie spricht er (ein Jivan-Muktah), und wie verhält er sich?« Auf diese Fragen gibt Krishna folgende Antwort: »O Partha (ein anderer Name von Arjuna), wenn ein Mensch seinen Geist völlig freimacht von allen Wünschen und sich im Selbst allein durch das Selbst zufriedengibt, so sagt man von ihm, daß er von unerschütterlicher Weisheit ist.« (Dies ist die Antwort auf die erste Frage.) »Der, dessen Geist sich von Widrigkeiten nicht erschüttern läßt, der nicht nach Glück begehrt, der frei von Gemütsbewegungen ist, von Furcht und Zorn, ist in der Tat ein *Muni* (ein meditativer Mensch), dem unerschütterliche Weisheit eigen ist. Wer völlig unabhängig bleibt, wem Gutes zu empfangen nicht Vergnügen – noch Böses zu erfahren Verdruß bereitet, der ist ein Mensch, der fest steht in der

Wahrheit (d.h. er lobt und tadelt nicht).« (Dies beantwortet die zweite Frage.)

»Wenn er imstande ist, seine Sinne völlig von den Sinnesgegenständen abzuziehn, wie eine Schildkröte ihre Glieder, so wird seine Weisheit unerschütterlich.« (Ein Mensch, der Nirvikalpa Samadhi erreicht hat, kann in jedem Moment – mit der Leichtigkeit und Natürlichkeit einer Schildkröte, wenn sie ihre Gliedmaßen in sich einzieht – alle Eindrücke der Sinneswelt von sich abschütteln und in Samadhi eingehen.) – Kap. II Vers 70: »Wie die Wasser der Flüsse in das volle, ruhige Meer einfließen, so strömen alle Wünsche in den Muni ein, – er, nicht jedoch der Wünschende der Wünsche, gelangt zum Frieden.« (Das Meer wird nicht bewegt von den Wassern, die ihm von allen Seiten zuströmen. Genauso rufen die Wünsche erzeugenden Sinnesgegenstände, denen ein Jivan Muktah während seines Verweilens auf der Erde begegnet, keinerlei Reaktion in ihm hervor.) – (Dies beantwortet die dritte Frage).

Die reinste und höchste Intuition wird nur einem Menschen zuteil, der das höchste Samadhi erreicht hat, d.h. einem Jivan-Muktah. Für einen Jivan-Muktah ist der natürliche Zustand des Geistes der Turiya-Zustand, in dem man in der Mannigfaltigkeit die Einheit sieht. In der reinsten und höchsten Intuition gibt es keine Gedanken. Die Intuition geht über das Denken hinaus, steht jedoch nicht im Widerspruch dazu; im Gegenteil, sie bestätigt es. Der Intellekt führt den Menschen bis ans Tor der Intuition, – und dann kehrt er um und läßt ihn dort stehen. Die Wahrheit enthüllt sich dem Menschen durch die Intuition. Ein Mensch mit Intuition sieht das Innen und

Außen aller Dinge direkt vor Augen, und so bleibt seinem geläuterten Blick nichts verborgen.

Auch hat ein Jivan-Muktah keinerlei Anfechtungen mehr, nicht von Ehre und Ruhm, nicht von Geld oder von den sexuellen Trieben usw. Immer ruht er fest und sicher in Brahmacharya (im Zölibat in Gedanken, Wort und Tat). Selbst wenn er mitten unter den schönsten jungen Menschen des anderen Geschlechts lebt, befällt ihn nicht das geringste sinnliche Verlangen. Er bleibt sich immer gleich in Freude und Leid. In sich selbst ruhend, bedeutet ihm ein Erdklumpen, ein Stein oder ein Stück Gold dasselbe. Durch nichts zu erschüttern und immer derselbe in Glück und Unglück, bei Lob und Tadel, gegen Freund und Feind und gleichbleibend in Ehre und Schmach, bleibt er von allem Tun unberührt, geht mit sicherem Schritt auf dem Pfad der Selbsterkenntnis voran – und schreitet über die Gunas hinaus.

20. *Das Wesentliche*

Wenn wir all das Wirken und Tun der vielerlei Lebewesen im Universum genau beobachten, so werden wir finden, daß alles auf ein Ziel ausgerichtet ist, das wir Freiheit, Glück, Frieden oder Seligkeit nennen mögen. In einem tieferen Sinne bedeuten alle diese verschiedenen Namen ein und dasselbe. Jeder möchte dem Schmerz, dem Elend, der Abhängigkeit, der Krankheit und dem Tod aus dem Wege gehen. Und doch haben alle furchtbar zu leiden, weil sie einen falschen Weg eingeschlagen haben und mit ihrem Tun auf Abwege geraten sind. Im allgemeinen meint der Mensch, glücklich zu werden, wenn er Geld und Gut zusammenrafft, sinnenhafte Freuden genießt und zu Ehren und Ruhm gelangt usw. Aber machen diese Dinge den Menschen wirklich glücklich? Nein, sie tun es nicht. Im Gegenteil, er wird nur noch unglücklicher. Statt ihm zur Freiheit zu verhelfen, bringen sie ihn in Abhängigkeit, und statt ihm Frieden, Glück und Seligkeit zu schenken, berauben sie ihn seines inneren Friedens, und er fühlt sich elend und bedrückt. Wo liegt nun jene wirkliche Freiheit? Sie liegt im Wissen um die eigene wahre Natur. Um ein solches Wissen zu erlangen, muß man seinen Geist beherrschen. Um den Geist zu beherrschen, hat man sich in der Beherrschung aller Sinne zu üben. Denn die Sinne sind es, die den Geist nach außen ziehen und ihn seiner Kraft und Reinheit berauben. Um alle Sinne völlig unter Kontrolle zu bringen, muß man ein reines und heiliges Leben führen. Dies ist absolut notwendig.

Zur Veranschaulichung möge uns die Sonne dienen, deren Strahlen auf einen Spiegel fallen. Der Spiegel fängt das Bild der Sonne ein und reflektiert die Lichtstrahlen so, daß sie auf einen See fallen, der sehr schmutzig und voller Wellen ist. Obgleich die Reflektion des Sonnenlichtes vom Spiegel auf die Wasserfläche fällt, vermag letztere das Bild der Sonne nicht wiederzugeben. Wäre das Wasser nicht so schmutzig, und hätte es nicht so viele Wellen, könnten wir das Bild der Sonne wenigstens undeutlich sehen. Wäre das Wasser jedoch klar und sauber und ganz ohne Wellen, dann könnten wir das reflektierte Bild der Sonne ganz deutlich erkennen. Die Sonne kann hier mit Brahman, Paramatman oder Gott verglichen werden; der Spiegel mit dem Atman (der individuellen Seele) und die drei verschiedenen Zustände des Wassers mit den drei verschiedenen Zuständen des Geistes. Das sehr schmutzige und von Wellen bewegte Wasser gleicht dem Geist eines Tamo-Guna-Menschen (dem sehr unreinen und trägen Geist); das weniger schmutzige, von Wellen leicht bewegte Wasser gleicht dem Geist eines Rajo-Guna-Menschen (dem aktiven, unlauteren und von Wünschen umgetriebenen Geist); und das kristallklare Wasser ohne irgendwelche Wellen gleicht dem Geist eines Sattva-Guna-Menschen (dem reinen, subtilen und konzentrierten Geist). (Man könnte den Geist der Wesen in viele Gruppen einstufen; doch begnügen wir uns hier der Einfachheit halber mit den drei Hauptgruppen.) Obgleich die vom Spiegel reflektierten Strahlen auf alle drei Wasserflächen in gleicher Weise fallen, sehen wir im ersten Fall das Bild der Sonne überhaupt nicht; im zweiten Fall sehen wir nur einen Schimmer davon, während wir es im dritten Fall deutlich sehen. Wie die Sonne, so ist Brahman bzw. Gott das eigentliche Leben in jedem Geschöpf allüberall. Die Seele ist nur eine Widerspiegelung von jenem höchsten Sein, und der Geist erhält sein Leben und sein Licht vom Jivatman (von der Seele bzw. vom Selbst), so wie die Wasserfläche die vom Spiegel reflektierten Strahlen der Sonne empfängt. Ist der Geist unrein, (der Geist eines Tamo-Guna-Menschen), so ist es ihm absolut unmöglich, die Widerspiegelung des Jivatman einzufangen; ein Wesen mit einem solchen Geist ist verstrickt in die Freuden der Sinne, findet Genüge an einer niedrigen irdischen Existenz – und leidet Höllenqualen. Der Geist eines Rajo-Guna-Menschen ist aktiv und hat unzählige Wünsche und ehrgeizige Absichten. Ein solcher Geist erkennt die Notwendigkeit Gottes und des Dharma (der Rechtschaffenheit); dennoch hängt er sich an die Dinge der Welt. Gerät ein solcher Mensch in Gefahr, oder fürchtet er sich vor dem Tod, so denkt er an Gott und betet zu ihm. Doch ist der Geist eines Menschen rein, subtil, ruhig und konzentriert, wie die stille, kristallreine Wasserfläche eines Sees (der Geist eines Sattva-Guna-Menschen), so fängt er die Widerspiegelung ein, d.h. er gewahrt das Atman und Brahman. Samadhi bzw. Gottverwirklichung ist das Zurückwerfen des Lichtstrahls vom See zum Spiegel – und schließlich zur Sonne. Um Samadhi zu erreichen, muß darum der Geist zuerst zu Reinheit, zur Ruhe und zur Konzentration gebracht werden; danach muß man ihn zu Jivatman zurückführen, das schließlich mit dem Paramatman (mit Brahman bzw. Gott) vereint werden muß. Das ist es, was mit *Moksha* (Freiheit) gemeint ist. Allein in diesem Bewußtseinszustand liegt wahrer Friede, wirkliches Glück und reine Seligkeit.

Für alle, die sich nach wirklichem Frieden, nach wahrer Seligkeit und Freiheit sehnen, ist darum die Beherrschung des Geistes eine unumgängliche Notwendigkeit. Selbst für einen gewöhnlichen Sterblichen ist die Beherrschung des Geistes von großem Nutzen. Im allgemeinen gibt es ohne Konzentration des Geistes keine wirkliche Freude und kein Leid. Wenn ein Mensch Gefallen an etwas findet und es besonders gern hat, denkt sein Geist ständig daran. Ähnlich ist es, wenn der Mensch etwas haßt und sich davon freimachen möchte; sein Geist lebt dann fortwährend in diesem Gedanken. Bei allen leidenschaftlichen Gemütsbewegungen und sinnenhaften Freuden konzentriert sich der Geist automatisch. Ohne die Konzentration des Geistes kann es keinerlei Wissen geben. Selbst bei Tieren, Vögeln, Insekten usw. ist die automatische Konzentration hoch entwickelt. Was man jedoch anstreben sollte, ist die *willentliche* Konzentration des Geistes. Wenn ein Mensch lernt, seinen Geist und seine Sinne *willentlich* zu beherrschen, fühlt er sich ungemein glücklich und erreicht wirkliche Größe. Ohne dies ist der Mensch nur ein Sklave seines Geistes und seiner Sinne. Wie schrecklich hilflos wird doch ein Mensch, wenn Leidenschaften Macht über ihn gewinnen, wie sinnliche Begierde, Zorn, Habgier, Haß, Sorge, Stolz, Eifersucht und dergl.! Was für abscheuliche Dinge tut er dann nicht? Wenn ein Mensch dagegen lernt, Herr seines Geistes und seiner Sinne zu sein und sie vollkommen zu beherrschen, kann er jede Art von Gemütsbewegung beherrschen, und zwar in jeder Phase. Darum ist Geisteskontrolle für alle notwendig.

Der Schlüssel zum Erfolg auf allen Gebieten des Lebens, und besonders in der Geistesbeherrschung, ist ein kräftiger und gesunder Körper. In einem kraftvollen und gesunden Körper wohnt auch ein kraftvoller und gesunder Geist. Oftmals begegnen wir hoch intelligenten Menschen mit einem schwächlichen Körper. Solche Menschen begreifen die Dinge verstandesmäßig und können darüber Vorträge halten; aber sie sind keine Menschen der Praxis. Was sie gehört und gelernt haben, können sie nicht in die Tat umsetzen. Dann gibt es wieder andere, die einen kräftigen Körper haben, aber sie begreifen nicht so schnell. Wenn man sich ein bißchen um sie bemüht, ihnen eine Idee nahebringt und sie ihnen begreiflich macht, dann setzen sie sie in die Tat um und ruhen nicht eher, als bis es geschafft ist. Zwischen dem fünfzehnten und dreißigsten Lebensjahr ist die beste Zeit, die Beherrschung des Geistes zu lernen. Welche Gewohnheit man auch während dieser Zeit annimmt, sie bleibt bis zum Ende des Lebens erhalten. Und wenn man im späteren Leben alte Gewohnheiten ablegen möchte, muß man sich wirklich außerordentlich anstrengen. Selbst dann ist es sehr schwierig, sich völlig von ihnen freizumachen. Im allgemeinen richtet man sich zugrunde, wenn man in jungen Jahren alle Arten von schlechten Gewohnheiten annimmt. Wem an seinem eigenen Wohlergehen liegt, der darf schon als junger Mensch seinen Körper nicht vernachlässigen und muß auf seine Gesundheit achten. Um gesund zu bleiben, sollte man für eine gute Umgebung und ein gutes geistiges und körperliches Training sorgen: durch gute Bücher, gute Gesellschaft, Spiele drinnen und im Freien, durch reine Luft, reines Trinkwasser und einfache und nahrhafte Speise.

Gleichzeitig mit der Bemühung um die körperliche Entwicklung sollte man einem fest umrissenen Arbeitsplan folgen und ethisch und moralisch stark sein. Dies bedeutet, daß man sich genau an die Regeln des ethisch-moralischen Verhaltenskodex hält und sich um Reinheit, Wahrhaftigkeit, Nächstenliebe, Freundlichkeit, sexuelle Enthaltsamkeit usw. bemüht. Ohne strikte Einhaltung der ethisch-moralischen Gesetze kann es keine Geisteskontrolle geben, und man kann auch nichts Höheres erreichen. Ein moralisches Wrack kann nicht im Traum daran denken, frei zu werden. Die Reinheit des Geistes erreicht man durch Befolgung der Regeln moralischer Lebensführung. Und ohne die Reinheit des Geistes ist Geisteskontrolle unmöglich. Darum sind die Regeln einer moralischen bzw. ethischen Lebensführung das Fundament aller Religionen der Welt. Tatsächlich weisen alle Religionen der Welt mit Nachdruck auf die Notwendigkeit dieser Grundforderungen hin. Alle Religionsstifter haben ein einfaches, reines und tugendhaftes Leben geführt, und sie haben es auch ihren Anhängern ans Herz gelegt. Durch genaue Einhaltung der Vorschriften haben die großen Heiligen aller Religionen das Rätsel des Lebens gelöst und ewigen Frieden und unvergängliche Seligkeit gefunden. Aber die Menschen des zwanzigsten Jahrhunderts und ihre führenden Staatsmänner sind in dieser Hinsicht weit zurück und verfehlen das Ziel des Lebens.

Um es nochmals zu sagen, unter den Regeln ethischer Lebensführung ist das Zölibat von besonderer Bedeutung. Allein schon, um im üblichen Sinne glücklich zu sein, muß ein Verheirateter ein wohlgeregeltes Geschlechtsleben führen. Tut er das nicht, so führt es meistens zu Versagen und

Unglück. Strebt man jedoch völlige Geistesbeherrschung an, dann ist die strikte Einhaltung des Zölibates unerläßlich. Denn Wollust ist die schlimmste Unreinheit des Geistes. Wer *Kama* (die sinnliche Lust) in Gedanken, Wort und Tat beherrscht und im Zaum hält, und die sexuelle Energie in »Ojas Shakti« (die große mentale Kraft) umwandelt, erfüllt damit dreiviertel seines Sadhana, und es fällt ihm nicht schwer, seinen Geist zu beherrschen und das höchste Samadhi zu erreichen. Denn Geist, sexuelle Energie und *Prana* (die Kundalini Shakti) sind eng miteinander verbunden. Beherrscht man eines von diesen dreien (entweder den Geist, die sexuelle Energie oder *Prana*), beherrscht man zwangsläufig auch die anderen beiden. Wenn man also wirklich weiterkommen möchte, sollte man sich gleichzeitig in der Beherrschung des Geistes, des Prana und in Brahmacharya (in der sexuellen Enthaltsamkeit) üben. Um Brahmacharya und die Regeln moralischer Lebensführung einhalten zu können, muß man vorsichtig sein mit dem, was man ißt und trinkt. Für die Ausführung der geistigen Übungen (des Sadhana) ist eine bestimmte Ordnung im Essen und Trinken unerläßlich. Als nächstes ist die Führung durch einen erfahrenen Guru, und die Wahl der Ishta-Devata und des Ishta-Mantra von großer Bedeutung. Wichtig ist auch regelmäßige und planvolle Arbeit. Gelegentliche Bemühungen führen zu nichts. Man muß es bis auf den Grund seines Herzens ernst nehmen und mit unendlicher Geduld und Ausdauer weiterarbeiten. Um weiterzukommen, sollte man versuchen, bei den geistigen Übungen (Sadhana) immer eine ganz bestimmte Haltung (ein bestimmtes Asana) einzunehmen. Ohne eine sichere Haltung kann man nicht längere Zeit denken, meditieren und den Geist auf einen Punkt konzentrieren. Darum ist ein sicherer Sitz (ein sicheres Asana) notwendig. Ein Anfänger sollte sich einen bestimmten Sitz angewöhnen, um Pranayama und Mantra-Jap zu üben. Mantra-Jap und Pranayama tragen sehr zur Reinigung des Geistes, der *Nadis* (der Nerven) und des Körpers bei. Wenn man schnell vorankommen möchte, muß man im Anfangsstadium Jap (die Wiederholung des Mantra) und Pranayama viermal am Tage vornehmen: morgens, mittags, abends und um Mitternacht. Wenn dies nicht möglich ist, sollte man morgens und abends üben. Erstens hilft Mantra-Jap einem Anfänger außerordentlich bei der Reinigung von Geist und Chitta (dem Reservoir des Geistes) und bei der Vertreibung der vielerlei Wünsche aus dem Geist. Übrigens ist Mantra-Jap einfach, leicht und ungefährlich. Höhere Formen von Pranayama sollten niemals ohne den Beistand eines erfahrenen Guru (eines geistigen Lehrers) und ohne die strikte Einhaltung von Brahmacharya ausgeführt werden, sonst kann es sogar geschehen, daß man wahnsinnig wird. Eine Verbindung von Arbeit, Hingabe und Gottesliebe, psychischer Kontrolle und philosophischem Forschen ist die beste Methode der Geisteskontrolle. Mit Pranayama allein vorankommen zu wollen, ist sehr schwierig. Bei diesem Unterfangen verfehlen viele den Weg gänzlich. Auch neben den dafür festgelegten Stunden sollte der Geist ununterbrochen mit der Wiederholung des Mantra beschäftigt sein. Der umherschweifende Geist muß immer wieder zu den geheiligten Füßen der Ishta-Devata zurückgebracht werden. Dies ist der leichteste Weg, *Pratyahara* zu erreichen. Sind Geist und Herz eines Sadhaka (eines geistig Strebenden) genügend geläutert, und gelingt es ihm, die Neigung des Geistes zum

Umherschweifen beträchtlich einzuschränken und zurückzuhalten, so wird es ihm möglich, Pratyahara zu erreichen. Pratyahara ist die *willentliche* Sammlung und Konzentration des Geistes auf einen bestimmten Platz, wo man ihn festhält. Nach Pratyahara kommt Dharana; bei Dharana muß der Geist scharf auf einen Punkt eingestellt und dort wenigstens zwölf Sekunden lang festgehalten werden. Nach Dharana kommt Dhyana. Wenn man den Geist zwei Minuten und vierundzwanzig Sekunden lang auf einen Punkt konzentriert und dort festhält, wird Dharana zu Dhyana. Und wenn sich die gleiche Konzentration weiter entfaltet, und man den Geist im gleichen Punkt nahezu eine halbe Stunde lang festhalten kann, erreicht man Samadhi. Es gibt zwei Arten von Samadhi: Samadhi mit Form und Samadhi ohne Form. Die höchste Art von Samadhi ist formlos und wird Nirvikalpa Samadhi genannt. Allein mit dem Erreichen von Nirvikalpa Samadhi gelangt der Mensch zu vollkommener Weisheit und wirklichem Frieden, zu bleibender Seligkeit – und zu Freiheit.

Lieber Leser! Wir sind nun am Ende des letzten Kapitels unseres Buches angelangt. Wir möchten dir sehr ans Herz legen, dein Sadhana recht ernst zu nehmen und es auch nicht einen einzigen Tag zu versäumen. Wenn du es ehrlich meinst und Geduld und Ausdauer aufbringst, wird der Erfolg deiner Bemühungen nicht auf sich warten lassen. Raffe dich darum auf! Erwache! Und ruhe nicht eher, als bis das Ziel erreicht ist! Möge Er dich in Seiner unendlichen Liebe und Barmherzigkeit richtig führen und dir wahren Frieden, wirkliche Seligkeit und Freiheit schenken. Gott sei mit dir! Adieu!

Swami Narayanananda am Tag nach seiner Einweihung als Mönch.

Der Autor im Alter von 58 Jahren unter einer Margosa (Neem-Baum).

Der Autor

Sri Swami Narayanananda gilt als einer der größten Weisen des zwanzigsten Jahrhunderts. Er ist der Initiator der Universalen Religion, d. h. einer weltweiten überkonfessionellen Religiosität, welche die Wahrheiten aller Religionen umfaßt.

1902 in Coorg in Süd-Indien als Sohn einer angesehenen Familie geboren, zeigte er schon früh eine angeborene Neigung zum Meditieren. Obgleich niemand ihn dazu anhielt, widmete er sich mit großem Ernst und absoluter Regelmäßigkeit jeden Morgen und jeden Abend der Meditation. Diese Konsequenz und Aufrichtigkeit seines Bestrebens brachten es mit sich, daß er schon in jungen Jahren tiefe Konzentration erlebte.

Er war siebenundzwanzig Jahre alt und hatte seine Studien beendet, als nach einer besonders tiefen Konzentration eine innere Stimme ihm befahl, der Welt zu entsagen und Mönch zu werden. Er zögerte keinen Augenblick, ließ alles hinter sich und machte sich auf, um höchste Selbstverwirklichung zu erlangen.

In völliger Zurückgezogenheit im Himalaya lebend, und nach unermüdlichem und systematischem geistigen Bemühen (Mantra-Jap, Meditation, Pranayama, Konzentration und Yoga-Übungen) erreichte er 1933 den höchsten transzendentalen Bewußtseinszustand des Nirvikalpa Samadhi. Danach lebte er viele Jahre in der Einsamkeit.

Es kam das Jahr 1947, in dem Indien seine Unabhängigkeit erlangte, gleichzeitig aber in zwei Teile geteilt wurde: es entstand der Staat der Hindus (Hindustan) und der der Mohammedaner (Pakistan). Zwischen beiden entbrannte sogleich ein bitterer Haß; es kam zu unbeschreiblichen Greueltaten, – und dies im Namen Gottes und der Religion.

Diese Vorfälle waren es, die Swami Narayanananda dazu bewegten, seine Zurückgezogenheit aufzugeben; und um der verirrten Menschheit zu helfen, begann er nun, seine aufklärenden Bücher zu schreiben.

Worterklärungen

Adwaita: Lehre von der Einheit allen Seins.

Ajna-Chakra: siehe unter Chakras.

Akasa: Äther.

Apurna: die Nicht-Fülle, das Nicht-Ganze, Geteilte.

Artha: Streben nach Wohlstand.

Asana: Körperstellung, Haltung; Wollteppich (1 × 1 m).

Ashrama: Kloster; Lebensabschnitt bzw. Lebensstufe.

Atman: höchstes Sein, Gott, Brahman, das Absolute, höchster Geist, das Meer des Bewußtseins an sich; das Selbst. Atman ist also sowohl individuell als auch alldurchdringend.

Bijas: bestimmte subtile Laute, die von kosmischen Energien (Göttern und Göttinnen) erzeugt werden, wenn sie sich manifestieren und wirksam werden, und die von dem höchst verfeinerten Geist eines Yogi gehört werden können; ein Bija ist der natürliche Name der kosmischen Energie (des Gottes oder der Göttin).

Bhagavad-Gita: »Der Gesang des Erhabenen«; der bekannteste Teil des großen indischen Heldenepos »Mahabharata«.

Bhakta: einer, der den Pfad des Bhakti-Yoga (der Hingabe) geht.

Bhakti: liebende Hingabe an Gott.

Bhakti-Yoga: der Pfad liebender, völliger Hingabe an Gott.

Bhava: Gefühl.

Bikkhu: Mönch.

Brahma: der schöpferische Aspekt Gottes in der Dreifaltigkeit von Brahma (der Schöpfer) – Vishnu (der Erhalter) – Shiva (der Zerstörer).

Brahmachari: ein Jüngling oder Mann, der in sexueller Enthaltsamkeit lebt; ein Lernender, ein Schüler.

Brahmacharini: keusch lebende Jungfrau oder Ehefrau.

Brahmacharya: sexuelle Enthaltsamkeit; Enthaltsamkeit überhaupt.

Brahma-Jnana: durch Gottverwirklichung erreichte höchste Weisheit, das Wissen um Gott.

Brahma-Jnani: ein Mensch, der Gottverwirklichung und damit höchste Weisheit erreicht hat.

Brahman: Gott in seinem formlosen Aspekt; das Absolute; reines Sein; das Meer des Bewußtseins an sich.

Brahmanen: die Priester-Kaste.

Buddhi: Intellekt, Unterscheidungsfähigkeit des Geistes.

Chakras: höchst subtile, mit äußeren Mitteln nicht feststellbare Zentren entlang des Sushumna Nadi, in denen bestimmte Energien wirksam sind, die beim Aufstieg der Kundalini Shakti in Aktion treten.

Muladhara-Chakra: in der Region des Damms, d.h. dort, wo sich Harnröhre und After treffen,

Swadhisthana-Chakra: in der Höhe des Blasenbodens (Prostata),

Manipura-Chakra: in der Höhe des Nabels,

Anahata-Chakra: in Bereich des Herzens,

Vishuddha-Chakra: in der Höhe des Kehlkopfes,

Ajna-Chakra: in der Region der Zirbeldrüse (in der Höhe eines Punktes zwischen den Augenbrauen),

Sahasrara: kein eigentliches Chakra; im Scheitelpunkt des Kopfes gelegen; tausendblättriger Lotos; Ausgangspunkt bei der Schöpfung des Mikrokosmos, wenn sich Brahman und seine Shakti voneinander trennen.

Chitta: Reservoir, Speicherraum des Geistes im Muladhara-Chakra, in dem alles Wissen um Vergangenheit, Gegenwart und Zukunft gespeichert ist.

Dharma: Rechtschaffenheit; Pflichtenkreis; die Gesamtsumme ewiger Gesetze, welche die eigentliche Natur der Dinge bestimmen.

Dwaita: Dualismus, Lehre von der getrennten Existenz Gottes und der Schöpfung.

Guna: Man unterscheidet drei Gunas als die Haupteigenschaften und die Substanz der Kraft Gottes (Prakriti Shakti):

Tamo-Guna: Trägheit, Unwissenheit.

Rajo-Guna: Aktivität, Ruhelosigkeit.

Sattva-Guna: Gelassenheit, Ausgeglichenheit, heitere Ruhe, Sammlung und Konzentration.

Guru: geistiger Lehrer.

Ishta-Devata: das Symbol oder das Bild der Gottheit, das als Konzentrationshilfe bei den geistigen Übungen benutzt wird.

Ishta-Mantra: der Name der auserwählten Gottheit.

Jap: Wiederholung des Mantra.

Jap und Tap: Wiederholung des Mantra und Meditation.

Jiva, Jivatman: das individuelle Selbst; Seele.

Jivan-Muktah: ein Mensch mit Gottverwirklichung, der ins relative Bewußtsein zurückgekehrt ist; ein in Freiheit Lebender.

Jnana: höchste Weisheit.

Jnana-Marga: = Jnana-Yoga: der Pfad der Philosophie.

Jnani: einer, der den Erkenntnis-Pfad, den Weg der Philosophie geht.

Karma: Arbeit; d.h. Freuden und Leiden des Lebens als Folge früheren Tuns.

Karma-Phala: Früchte der Arbeit; Auswirkungen früheren Tuns.

Kumbhaka: Anhalten des Atems.

Kundalini Shakti: Urkraft, Prana Shakti, Prakriti Shakti, die schöpferische Kraft Gottes. Sie wird wie eine zusammengerollte Schlange im Muladhara-Chakra vorgestellt, die schläft und mit ihrem Maul das Tor zum Sushumna Nadi verschließt. Solange die Shakti in diesem untersten Zentrum (Muladhara) verbleibt, interessiert sich der Mensch nur für Sinnesfreuden, für Essen und Trinken, Schlafen und Sex. Mit dem Öffnen des Tores zum Sushumna-Kanal und dem Aufsteigen der Kundalini Shakti zu höheren Zentren erweitern und verfeinern sich die Interessen und Tätigkeiten des Menschen immer mehr, und seine Wahrnehmung der Welt verändert sich auf diesen höheren Bewußtseinsebenen vollständig. Wenn die Kundalini Shakti Sahasrara erreicht, tritt der Mensch in Nirvikalpa Samadhi ein. Er gelangt dann zur Erkenntnis und Verwirklichung der Weisheit, Liebe und Macht Gottes, des Absoluten, und damit zur Erlösung, zu Freiheit und immerwährender Seligkeit.

Maha-Bija: »OM«; der bei der ersten schöpferischen Bewegung des Schöpfergottes entstehende Laut, aus dem das gesamte Universum hervorgeht.

Manipura Chakra: siehe unter *Chakras*.

Mantra-Diksha: Einweihung, während der ein Guru dem Schüler ein Mantra gibt.

Mantra-Jap: Wiederholung des Mantra in Meditation und Arbeit.

Mantra-Shakti: die Kraft, die in jedem Mantra liegt.

Maya: die täuschende Macht Gottes.

Moksha: Freiheit; Befreiung; Erlösung.

Muladhara Chakra: siehe unter *Chakras*.

Nadis: Nerven; Yoga-Nadis: subtile Nervenbahnen, die keine grobstoffliche Entsprechung haben.

Nirvikalpa Samadhi: transzendentaler Bewußtseinszustand, in dem der Mensch das höchste Ziel erreicht und Befreiung findet.

Ojas Shakti: große geistige Kraft, die vor allem durch Sublimation (Umwandlung) der sexuellen Energie entsteht.

OM: heilige Silbe; der bei der ersten schöpferischen Bewegung des Schöpfergottes entstehende Laut, aus dem das gesamte Universum hervorgeht.

Paramatman: das höchste Selbst; der alles durchdringende höchste Geist; Gott.

Prakriti Shakti: Kundalini Shakti, Prana Shakti, die schöpferische Kraft Gottes.

Prana: die Urkraft, Kundalini Shakti, Kraft Gottes.

Pranayama: rhythmische Atemübungen, die einem helfen sollen, die Lungenbewegungen, die Nervenströme und die Funktionen des Geistes zu beherrschen, um dadurch das Geheimnis des Prana bzw. der Kundalini Shakti zu ergründen und das Aufsteigen der Kundalini Shakti zu Sahasrara zu fördern.

Prarabdha-Karma: Es gibt drei Arten von Karma-Phala (der Folgen früheren Tuns): Prarabdha-Karma, das sich in diesem Leben auswirkt; Agami-Karma, das sich im nächsten Leben auswirkt; und Sanchita-Karma, das sich in fernerer Zukunft auswirkt.

Purna: die Fülle; die Ganzheit des Einen, das Alles ist.

Raja-Yoga: der Pfad der Selbstkontrolle durch Yoga-Übungen, Konzentration und Meditation.

Sadhaka: ein Strebender auf dem geistigen Weg.

Sadhana: geistiges Bemühen; geistige Übungen.

Sahasrara: siehe unter Chakras.

Samadhi: höchster Bewußtseinszustand (Erleuchtung). *Savikalpa Samadhi:* tiefes Versunkensein in Gott als Form; *Nirvikalpa Samadhi:* tiefes Versunkensein in den formlosen Aspekt Gottes.

Samsara: der Kreislauf von Geburt, Wachstum, Verfall und Tod; die Welt der Namen und Formen; das Universum.

Samskaras: Verdienste aus vergangenen Leben.

Sannyasi: Mönch.

Sat-Chit-Ananda: reines Sein, reines Wissen und absolute Seligkeit.

Satsanga: Gemeinschaft mit Heiligen; Gemeinschaft mit Menschen, die nach Gottverwirklichung streben.

Sattva-Guna: Siehe unter Guna.

Shabda-Brahman: Brahman als Laut; siehe unter OM.

Shakti: Kraft, Macht.

Shanti: Friede.

Shiva: der Zerstörer; der Umwandler; im Sinne von »Shiva und Shakti« auch der statische Aspekt Brahmans.

Sushumna: der subtilste der Nadis in der Mitte des Rückenmarks.

Sushupti: der Zustand traumlosen Tiefschlafs.

Tamo-Guna: siehe unter *Guna*.

Tap: siehe unter *Jap und Tap*.

Tapasya: Selbst-Disziplin; Buße; Beherrschung des Geistes; ununterbrochenes, glühendes geistiges Bemühen.

Turiya: überbewußter Zustand, in dem ein gottverwirklichter Mensch bleibt, wenn er ins relative Bewußtsein zurückkehrt.

Vairagya: Leidenschaftslosigkeit.

Vijnana: höchstes Wissen, das nur durch Gottverwirklichung erreicht werden kann.

Vijnani: einer, der höchstes Wissen erreicht hat.

Viveka: Unterscheidungskraft; Unterscheidung zwischen dem Wirklichen und dem Unwirklichen.

Yama und Niyama: die Gesetze einer sittlichen Lebensführung. Yama umfaßt: Nicht-Schaden und Nicht-Töten (Ahimsa), Wahrhaftigkeit, sexuelle Enthaltsamkeit (Brahmacharya), Nicht-Stehlen und Nicht-Annahme von Geschenken, die dem Luxus dienen. Niyama umfaßt: Reinheit, Zufriedenheit, Selbst-Disziplin, Studium der Heiligen Schriften und Selbsthingabe an Gott.

Yoga: Vereinigung; Einswerden des Jivatman mit dem Paramatman, d.h. des individuellen Selbst mit dem höchsten Selbst; alle Mittel und Wege, die zu dieser Einswerdung führen.

Yogi: einer, der die Einswerdung mit Gott oder Gottverwirklichung als einziges Ziel des Lebens betrachtet und alle seine Kräfte aufwendet, es zu erreichen.

Yoga-Wege: Entsprechend der im Geist vorherrschenden Fähigkeit des Denkens, Fühlens, Wollens oder der Konzentration entwickelten sich vier verschiedene Pfade der Religion:

Karma-Yoga: der Pfad selbstloser Arbeit entsprechend der Fähigkeit des Wollens;

Bhakti-Yoga: der Pfad selbstloser Hingabe entsprechend der Fähigkeit des Fühlens;

Jnana-Yoga: der Pfad der Philosophie (der Erkenntnis-Pfad) entsprechend der Fähigkeit des Denkens;

Raja-Yoga: der Pfad der Selbst-Kontrolle entsprechend der Fähigkeit der Konzentration.

Bücher von Swami Narayanananda

	DM
Das Geheimnis der Geisteskontrolle	19,75
Der Weg zu Samadhi	19,75
Das Geheimnis von Prana, Pranayama und Yoga-Asanas	9,80
Die Grundlage Universaler Religion	5,00
Weisheit	3,00
Ein Wort an Menschen, die geistig weiterkommen wollen	2,40

Die Preise gelten ab April 1979.

Übersetzungen weiterer Bücher sind in Vorbereitung.

Auskunft erteilt:

N. U. Yoga Centre
D - 78 Freiburg
Laufener Str. 5, VII

karlsruhe
0721 - 814297
(Medit.-Gruppe)

Von dort können auch die Bücher bezogen werden.

Bücher von Swami Narayanananda in englischer Sprache

	DM
Hauptwerke:	
1. The Secrets of Mind-Control	18.25
2. The Way to Peace, Power & Long Life	15.65
3. The Primal Power in Man or The Kundalini Shakti	19.55
4. The Ideal Life and Moksha (Freedom)	15.65
5. Revelation	19.55
6. The Mysteries of Man, Mind & Mind-Functions	31.30
7. The Gist of Religions	11.70
8. A Practical Guide to Samadhi	15.65
9. Mind, Its Source and Culture	11.70
10. The Secrets of Prana, Pranayama & Yoga-Asanas	11.70
11. Brahmacharya, Its Necessity and Practice for Boys & Girls	8.25
12. The End of Philosophy or The Ultimate Truth & The Universal Religion	18.25
Taschenbücher:	
13. The Basis of Universal Religion	4.35
14. Caste, Its Origin, Growth & Decay	3.00
15. God and Man	3.00
16. Sex-Sublimation	3.00
17. A Word to Sadhaka	3.00
18. Wisdom	3.00
19. Your Birth-Right	3.50
20. The Aim of Life	3.50
20. The Universal Religion	5.00
22. Your Hidden Treasures	5,50
23. Brahman and the Universe	6,00
24. Birthday Messages 1955-79	6.85

Die Preise gelten ab April 1979.

Bestellung von englischen Büchern an:

N. U. Yoga Ashrama
Gylling
DK-8300 Odder
Dänemark

Swami Narayanananda

Der Weg zu Samadhi

Geistige Lehren mit praktischen Ratschlägen
236 Seiten

Der nun siebenundsiebzigjährige Swami Narayanananda ist ein Kenner und Meister des Yoga mit fünfzig-jähriger Erfahrung. Dies kleine Buch beschäftigt sich mit den praktischen Mitteln und Wegen zum Erreichen der hohen geistigen Stufe von Nirvikalpa Samadhi. Es enthält nicht nur Ratschläge, es feuert den Leser auch an, sich mit mehr Ernst geistigen Übungen (Sadhana) zuzuwenden, und kann dem Leser darum zu einer echten Hilfe werden auf seinem geistigen Weg.

Swami Narayanananda

Das Geheimnis von Prana, Pranayama und Yoga-Asanas

98 Seiten _ 24 Abbildungen

Gesundheit ist Reichtum. In einem gesunden Körper wohnt ein gesunder Geist. Übe Yoga-Asanas, Pranayama und Meditation, und du wirst dich guter Gesundheit erfreuen, Frieden finden und Weisheit erlangen.